The Research On
State Guarantee Of Family Right

家庭权的国家保障研究

徐　健●著

经济日报出版社

图书在版编目（CIP）数据

家庭权的国家保障研究 / 徐健著. -- 北京：经济日报出版社，2021.12

ISBN 978-7-5196-1003-6

Ⅰ. ①家… Ⅱ. ①徐… Ⅲ. ①亲属法-研究-中国 Ⅳ. ①D923.904

中国版本图书馆 CIP 数据核字（2021）第 275274 号

家庭权的国家保障研究

作　　者	徐　健
责任编辑	黄芳芳
助理编辑	王孟一
责任校对	肖　迪
出版发行	经济日报出版社
地　　址	北京市西城区白纸坊东街 2 号 A 座综合楼 710（邮政编码：100054）
电　　话	010-63567684（总编室）
	010-63584556（财经编辑部）
	010-63567687（企业与企业家史编辑部）
	010-63567683（经济与管理学术编辑部）
	010-63538621　63567692（发行部）
网　　址	www.edpbook.com.cn
E-mail	edpbook@126.com
经　　销	全国新华书店
印　　刷	北京九州迅驰传媒文化有限公司
开　　本	710 mm×1000 mm　1/16
印　　张	12.75
字　　数	150 千字
版　　次	2022 年 3 月第 1 版
印　　次	2022 年 3 月第 1 次印刷
书　　号	ISBN 978-7-5196-1003-6
定　　价	52.00 元

摘 要

家庭是社会的单元，走向权利的时代造就家庭权的形成。家庭权涉及男女老少、夫妻关系、日常生活及家庭存续等方方面面的切身利益。因此，家庭权保障关系到每个人的生存、发展及日常生活，家庭权涉及公民的基本权利及千家万户的生存质量。现代家庭较传统家庭具有革命性转变，经历了从家庭权力形态到权利家庭形态的转变，呈权力形态的“家长权”经过不断的社会演绎而最终成为一种宪法基本权利。自古以来，中西方对家庭的概念及文化具有差异，“家长权”特征方面也存在差异，但总体上都呈现权力形态，权力形态之于家庭内部，结合专制的政治制度，形成家国一体的体制，家庭承担着大量由国家和社会承担的职能。尤其在中国，通过这种体制，国家（君主）实现对社会组成单元的家庭的控制，以父权为核心的“家长权”，强调其他家庭成员对家庭的依附。随着时代进步，家庭本身发生了巨大的变化，西方资本主义产生、发展和成熟后，家庭法开始作为民事法律规范而出现，个人本位主义、私法自治、契约、一夫一妻等原则促进家庭权的权利本位论。思想启蒙和宪政发展促成家庭权的宪法化。尤其经过两次世界大战后，家庭权作为人权最重要的理念之一，迅速成为全球适用的普世价值及规范性准则，家庭权由此上升到国家保护高度，并成为国际化趋势。家庭权的形成逻辑实际上在遵守“个体—家庭—个体”的保障思路。家庭权具备人权中自由权与发展权的双重属性。中国在西学东渐中逐渐瓦解传统的家长制，不断学习和促成家庭权利的意识，在家庭权的国际化趋势中不断与国际接轨，最终宪法纳入家庭权保障。

宪法作为国家的最高准则，确立家庭权保障主要在于家庭权属于人权领域最重要的权利之一。家庭作为个人生产、发展和保障上的共同体，对这种共同体维护首先离不开“人性尊严”维护的起点，家庭本质是个人的一种实现方式，保障家庭权的本质就是保障个人权利。其次，从古至今，家庭承担着若干功能，在家长制时代承担着部分国家统治及社会管理功能。到今天的权利时代，家庭固有的功能仍然需要加以维护，如家庭特有的生育功能、保障功能、教育功能、经济功能、情爱功能是任何机构和组织无法替代的，国家在发展的不同阶段都要致力于基本功能的维护。除此，家庭权的价值不仅存在于私人生活，同时由于私人领域中形成的自由公民人格也是现代民主政治重要的组成部分，因此家庭是实现多元民主社会的重要实践单位。

我国家庭权实际上是一个权利体系，总体上涉及五个方面：第一是家庭自治权，主要包括家庭组建自主权、生育自主权、吸纳家庭成员的自主权、家庭生活自主权；第二是家庭人身权，主要涉及家庭人格权和家庭身份权；第三是家庭经济权，按我国宪法和相关法律，典型的有家庭承包经营权、家庭工商经营权、家庭劳动权；第四是家庭受益权，主要涉及家庭保障权和家庭税收优惠权；第五是家庭成员权，按不同的家庭成员类型，主要有家庭成员共同生活权、基于父母身份的权利、妇女同等权、基于子女身份权。

基于国家作为全体公民授权组成的共同体，通过接受授权，国家具备了构建家庭制度的权力，需要通过义务履行系统地建立家庭尊重、给付及保护的任务，有效配置和调动家庭制度的主导因素。在家庭权国家保障义务方面，要充分尊重组建家庭方面的自由权、尊重保持家庭存续方面的自由权、尊重维护家庭利益方面的自主权；在家庭权的国家给付义务方面，要指向家庭受益权功能，通过制度性给付、物质性给付、服务性给付来完成；在家庭权的国家保护义务方面，国家要保护家庭免受第三方的侵害，同时保障家庭内部权利。

我国目前在宪法及相关法律上都有家庭权利保障的内容，如女性权利保障制度、未成年人权利保障制度、婚姻制度等，但现有制度在国家保障义务方面存在不足。国家尊重义务方面，家庭权防御功能不突出，家庭自治权方面存在突出问题；国家给付义务方面，家庭权的受益权功能不足，家庭户籍存在不平等问题。除此，国家保护义务不健全。我国保障家庭权应树立以人性尊严为保护出发点，同时落实男女平等、确立家庭主体、保障家庭功能、子女最佳利益等基本理念。对此，我国需要重构与完善国家尊重义务，即需要加强家庭权的防御权功能，家庭自治与国家干预的明确划分，解决现有家庭自治方面的突出问题。其次，通过增强家庭权的受益权功能和家庭户籍制度改革，完善国家给付义务制度。最后需要完善国家保护义务的制度体系，需要建构防止“第三人”侵害制度，对家庭内部权利义务进行整合。

关键字：家庭；家庭权；人权；国家保障；国家义务

目　录

CONTENTS

导　言

一、问题的缘起

自古以来，家庭一直是重要的社会主体，虽然不同时期呈现出不同的特征，但不可否认家庭之于人类社会的作用。从人类文明史来看，家庭的内部结构与外部特征都发生了巨大转变。“家长权”时代的家庭承担着一定的社会管理职能，为国家及社会稳定发挥了重要作用。随着国家的发展与进步，原有的大部分社会功能管理逐渐被国家职能所代替，于是发生了家庭制度的变革。尤其自工业革命之后，人类社会发生天翻地覆的变化，深刻的社会变革使家庭变迁成为必然，尤其在思想解放方面，个体本位成为价值追求，自由与权利成为终极目标，传统家庭结构呈现的权力形态必须向权利形态转变。同时，人类社会的基本伦理说明，虽然家庭形态转变但家庭仍是不可或缺的社会存在。[①] 冲突在于着重于个人权利的保护可能造成家庭法律人格的难以确立，而社会事实又需要家庭形式。对于这种矛盾，现有的制度需要进行调和。宪法保护家庭权的目的在于重新确立一种基于个人自由及权利形成的家庭形式，通过家庭缔造的自由与权利来为个人传承与自我发展提供保障和幸福。同时，在现有的社会模式下，社会治理并不能完全依靠政府、社会组织及个人，家庭虽然不再是家国一体的形态，但家庭作为个人与社会，甚至国家的中介能发挥重要作用，这种功能发挥是任何国家机构和社会组织都无法代替的，既然家庭具备如此显现的功能性，其权利保障的重要性不言而喻。家庭权保障作为一种应然要求，我们不能让其消失，更不能让权利无从着陆。

---

① 苏永钦.部门宪法［M］.台湾：元照出版有限公司，2006：58.

首先，家庭权作为人权内容在世界范围内具备普世意义。近代以来，权利本位的发展让家庭在保护权利过程中发挥着“个体—家庭—个体”的逻辑，家庭权利实际上形成个人权利发挥的共同体，这种共同体权利从头到尾都呈现出个人权利的本位。尤其自二战以后，家庭权成为人权概念的确立与强化，国际性文件和国家宪法都开始缔造家庭权的人权保障模式，[①]并出现家庭权的国际化保护趋势。在世界范围得以认同的背景下，学者对家庭权保障的研究不断深入。家庭权成为人权，主要考量家庭权是否具备成为宪法权利的重要性。因此，以下两方面问题就是值得深入研究的议题：第一，家庭形式对于个人自由与权利行使和发挥是否具备积极作用，并且是否具备普世意义。虽然处于权利时代，并不意味着权利多多益善，权利膨胀甚至会导致绝对的民粹主义。这种民粹主义实际上到最后会形成一种自私主义，对社会和国家都没有好处。[②]但在开放的人权体系中，权利的接纳并不是随意性的，而是在于所指向的权益保障是否值得上升到宪法高度。第二，家庭权利形态的确立是否能返回权力运作状态，家庭自由与权利行使能否给国家和社会利益造成危害也是值得考量的问题。虽然世界各国对家庭权采取以基本权利的宪法保障范式，但家庭权何以成为一项基本权利，其成立的理由及在宪法范围内如何保障家庭权的问题都需要解决，尤其是如何过渡到具体部门法领域的问题，学界对这些方面的论证显然还不充分。

其次，我们针对中国的家庭权进行研究时，要致力于中国历史文化传统，也就是特殊性来分析家庭权利的保障。在西方社会观念中，“家庭”与“家族”并没有实质性差别，family，既可指“家庭”，也可指“家

---

① 如《世界人权宣言》规定家庭保护原则，《经济、社会和文化权利国际公约》规定社会生活领域的权利，德国、西班牙、中国等国宪法等都明确规定了家庭权，尤其《西班牙宪法》第三十九条规定利用公共权力来保护家庭，第十八条、第三十五条明确规定家庭隐私权、家庭劳动权。

② 参见［美］玛丽．安．格伦顿：《权利话语—穷途末路的政治言辞》，周威译，北京大学出版社，2006年版，前言第3页。

族”，二者都以自然血缘为基础，或通过法律拟制而产生，都没有严格意义上的制度性区别。但中国社会的家庭与西方不同，中国社会完全以家庭为单位来建构一种社会共同体，家庭的标准或原型是以户籍为基础，形成“同居共财”的单位。同一户籍是以国家登记形成，共在一个户籍就是说在同一个户籍中没有分离出去的人口。同时，整个家庭形成收入共同维持家庭生活和发展，共同劳动、生活、消费及收益，据此，人与人之间就形成家庭成员之间的关系。在中国人的观念里，三世同堂甚至多世同堂是个人幸福的追求。所谓“同堂”，就是未分家产或别立户籍的家庭，不管人口、世代多少，只要没有另立家庭就仍具有家庭共同体的特征和功能。反过来，如果有兄弟分家等各种情况，各自具备新的户籍，兄弟就不再是属于家庭关系，而是亲属关系，但直系亲属不会因成立新家而否认老一代的家庭关系。如果按西方社会学以人口和世代为标准的家族类型化，不能作为研究家庭上普世和跨民族的共性。因此，直接套用西方社会学、民法学来理解中国的家庭及保护是不可取的。中国社会的家庭观实际上追求“同居共财”，目的在于使家庭成员紧密地团结在一起，形成同甘共苦的共同体宗旨，同时与家族成员区别开来。

中国自秦汉以来一直就是家庭社会，家庭一直是这个社会的根基和财产实体。目前中国的社会，家庭仍是基本的社会单位。第一，我国仍以家庭财产负担子女的教育和抚养义务。家庭财产负担抚养外还存在许多责任，比如教育、成家立业、承担养老等等，这些付出附随身份义务。在个人财产制下，成年人成为完全的民事行为能力人，但现实的情况是子女在成年后还需要有家庭财产支持，例如教育、婚嫁都需要家庭财产支撑，并成为父母的一种责任。第二，我国仍是以家庭财产和家庭成员赡养老人。中国的社会传统不同于个人财产制，养老和家产紧密关联。第三，家庭制度实际上是促进个人自由和发展的一种制度，如果不对家庭地位以及功能做出明确的定位，那么促成个人认同的家庭共同体便无法得到更好的保障，那么家庭权也就无从体现。肤浅地或移植地认为个人自由或个人解放需要取消一切枷锁，实际上是对家庭权的阻碍。受西方社会科学的影响，混淆宗族、家族和家庭，在批判与否定宗族和家族现象的同时，欲将家庭作为封建余孽及糟粕打倒实际证明不可取。事实证明，家庭是中国社会最值得珍视的社会主体。本质上看，家庭权的保障实际涉及个人权利的保障，同时涉及国人生活方式的保障，其中包含家庭功能的维系。我国作为社会主义国家，国家对权利保障及利益维护具备义务，国家如何保障和维持家庭权益是重要的研究领域，据此可以建构一个系统的国家保障义务体系。

二、研究现状

法学界针对家庭权的研究并不多，并且多从私法角度阐述家庭结构类型，而从宪法角度研究家庭权保障的论文屈指可数，主要原因在于家庭不具备民事主体的法律地位，通过婚姻规范涵盖家庭关系的现状使得家庭权的确立及建构难以找到支撑点。最开始从宪法层面研究家庭权的台湾学者李震山，其论文《“宪法”意义下之“家庭权”》开创性地建构了家庭权的体系，大致从家庭组建、家庭存续、家庭利益及内部家庭关系来构建家庭权权利体系，并且指出现代社会条件下对家庭保障不利的局面以及调整。可以说李教授为家庭权从宪法层面研究开了先河。国内专门针对家庭权的研究，按时间先后顺序，大致有：杨遂全认为《婚姻法》应进一步明确我国宪法第四十九条规定，可视为婚姻法修改的方向；[①]陈燕萍认为婚姻家庭具备社会属性，保障家庭权必须从法律与道德着手，并需要找到最佳结合点；[②]学者李秋高认为家庭具备社会属性，具备权力和权利的双重属性，为

① 杨遂全：《论国家保护婚姻家庭的宪法原则及其施行》，《中国法学》2001 年第 1 期。

② 陈燕萍：《论婚姻家庭权的伦理内涵与法律规制》，《西南石油大学学报》2005 年第 4 期。

了适应社会需要要强化“权力因素”，进而构建现代家庭法律制度；[①]姚建国认为家庭法属于私法，但现代社会变迁都在强调宪法作为公法对私人领域的介入性保障；[②]学者张燕玲认为家庭权是一种基本权利，基于“主观权利”及“客观法”而具备三种不同的国家保障义务，其《家庭权的私法保障》认为应随着现代家庭形式多样化及子女保障角度实现家庭权保障。[③]

后从宪法角度系统研究家庭权的主要有学者王琼雯，其博士论文《家庭权初论》（苏州大学，2013 年）在李震山教授建构的家庭权体系上作了具体而详细地建构与论证，并且提出家庭权具备防御权、受益权及“客观法”属性，并以此产生国家尊重、国家给付及国家保护义务。整篇论文注重宏观建构，全文正文共七章，甚至对家庭权限制和保障都进行了论证，可谓博大论述。该文章的贡献在于以李震山教授的研究为基础上进一步搭建了宪法上的家庭权及其保障体系，但问题在于文章大而全的构建实际上仍没有论述清楚我国宪法上的家庭权权利体系。首先，学者王琼雯对家庭权主体进行了细分，涵盖了所有可能构建家庭的个人，实际上该文的家庭权体系完全是按个人权利来建构的家庭权，但这样安排并没有针对家庭作为独立主体的权利构架，导致家庭权就是个人权利的集合，实际上并没有单独以家庭为主体的家庭权利。其实，我国宪法、民法存在以家庭为单位的权利，如家庭承包经营权、家庭工商经营权、侨眷权、家庭隐私权都旨在以家庭作为独立主体。作者依然没有摆脱李震山教授的个人视角，可视为该文最大的不足。其次，本研究成果以宪法基本权利为视角研究家庭权，实际上没有对家庭权保障的逻辑阐释清楚，家庭权保障实际上遵循着

① 李秋高：《在伦理与法理之间：一种古老权利的重新构造——家庭权法律问题初步研究》，《北京理工大学学报》2011 年第 1 期。

② 姚建国：《宪法是如何介入家庭的？——判例法视角下的美国宪法对家庭法的影响及其争拗》，《比较法研究》2011 年第 6 期。

③ 主要有两篇相关论文，即张燕玲：《家庭权及其宪法保障——以多元社会为视角》《南京大学学报》2012 年第 5 期）；张燕玲：《家庭权的私法保障》，《政法论坛》2012 年第 5 期。

“公民—家庭—公民”的逻辑，虽然以人权为保障逻辑的起点和终点，但是家庭权保障必须形成独立出来单列的一种权利类型。第三，本研究成果没有对保障家庭权的国家义务阐述清楚，中国家庭权属性与中国社会主义（甚至国家主义）的内在要求是形成国家义务的本质，可惜没见作者王琼雯论述。后杨敬之认为家庭权具有系统性，在宪法基本权利保障之下呈一个系统，需要优化保障这个系统。①

三、研究意义

（一）理论意义

家庭权在学界一直没有受到太多关注，家庭权作为一项重要的宪法权利，就实际状况而言，它与生命权、自由权同等重要。本文的理论意义在于：第一，将家庭权从人权、功能、政治上对家庭权的重要性作出具体细致地论述，即从个人、社会及国家的角度来证明家庭之于整个国家的重大意义。第二，系统地归纳和构建了家庭权利体系。从现有个人权利保障来说，涉及家庭方面的包括组建、维护、调整关系。这种系统地以个人权角度讨论家庭权类型的内容已有几位学者论述过，但本文针对这几方面权利就我国宪法权利内容作了具体的梳理和归纳，结合宪法及分散在各法律之间的家庭权益，搭建了一个以家庭为独立主体的权利体系，通过家庭自由权、家庭人格权、家庭身份权、家庭经济权、家庭受益权来实现家庭权的体系化，最后形成一个庞大而具体的家庭权的权利体系。这种体系建构对家庭权研究具备进步意义，现有研究家庭的成果都没有系统构建一种以家庭实质内容为标准类型化和体系的建构，导致对家庭权的研究实质上无法突破从家庭组建、存续到消灭的动态权利体系。本文对家庭权权利体系的论述以我国宪法及相关法律为依据，并没有空谈所谓的人权理论，而是具

① 杨敬之：《系统论视角下家庭权的宪法保障》，《黑龙江科学》2016年第14期。

体化所有涉及家庭相关利益的权利类型。第三，系统建构了家庭权的国家保障义务。作为社会主义国家来说，国家是保障家庭权的义务主体，在论述国家义务方面，从低到高主要有三方面的义务，即国家的尊重义务，与家庭权的防御性功能相适应；国家的给付义务，与家庭权的受益性功能相适应；国家保护义务，与家庭权的秩序功能相适应。现有关于社会权、国家义务的研究不少，但少有结合社会主义原则的论证，我国的社会主义虽然与社会福利有相似之处，但不能据此认为德国的制度性保障、“社会国”原则就能直接适用于我国的理论，以我国的国家性质以及发展中国家形态来看，国家对家庭权的国家保障义务有自己的社会主义国家理论。第四，完善我国家庭权保障体系方面，针对家庭权防御性、受益性、秩序性功能的不足，得出我国家庭权保障应确立家庭的民事主体地位，并加强我国以家庭为基础的户籍制度。本文的最大主张是要求家庭归入民事法律主体，现有的家庭结构不再是“家长制”时代权力结构，现有婚姻制度替代家庭制度的做法在家庭社会模式下应该重新反思，传统家庭的权力发挥当然值得批判，但不能否认家庭在这个社会依然发挥着重要的主体作用，尤其当前在推动社会治理创新的时代背景下，家庭自治的民主发挥可能为社会治理带来新的突破口。对于民法上如何定义家庭、如何缔造家庭关系、家庭关系与婚姻、亲属关系如何对接等问题，因本文的侧重点问题没有深入下去，但也是非常值得研究的问题。

（二）实际意义

新中国成立之后，新的婚姻制度实际上瓦解了权力的家庭结构，这样以自由、平等为核心的价值缔造了新的家庭关系，家庭成员之间依附性不再需要权威来贯彻，而是依附法律上的权利义务来创设。同时，家庭结构转变为婚姻主导，彻底形成小家模式，那种依靠血亲连接的大家族式家庭基本灭亡，其功能在于现代婚姻制度，原有的家庭本位彻底转变为人的主导因素起作用。但现实情况是，现代家庭依然是社会重要的构成因素，尤其自上世纪八十年代改革开放以来，社会主义市场经济的兴起与发展导致家庭功能依然发挥着非常重要的作用，家庭人口因素、经济因素、社会因素非常明显，研究家庭权保障具备直接的社会意义，直接关系到千千万万的家庭利益，特别是在目前的社会条件下，家庭的流动性、开放性及复杂化特征直接关系到社会管理模式。可以说，家庭权保障对社会治理具有贡献作用。

同时，家庭作为个体发挥的共同体及社会单元，在“个体—家庭—个体”的权益实现逻辑中成为个人权利的实现方式，直接关系到儿童成长、父母赡养、教育等各方面的切身利益，家庭权保障完善直接关系到个人的生存、生活及发展。尤其是家庭作为社会单元，虽然不再具备国家管理职能，但还具备整合和调整作用，家庭权保障程度直接关系到社会安定与国家文明。家庭内部外部关系与每个公民息息相关，也与社会公共利益有密不可分的关系。现有的宪法已明确家庭受国家保护，从理论上建立一套保障家庭权的国家义务体系之后，权力带有强烈的目的性，可以对现实中的立法、行政、司法权力运行起到更好的抑制作用和功能发挥。例如，对民法典婚姻家庭编构建提供更多的考虑空间，家庭既然如此重要，立法机关对此不能视而不见；行政机关在履行行政职能过程中，例如实行精准扶贫的过程中，国家给付义务体系能提供更高更好的义务准则；司法机关在维护家庭内外关系方面，应更加明确相互间权利义务的判断。新中国成立以来，我国试图短时间内摆脱封建宗法制度，虽然对实现性别平等、消除等级制度具备积极作用，但以家庭实际发挥及权利保障要求来看，家庭权利的保障应该有所建构，现代婚姻家庭出现一系列问题也亟需关注。因此，我们可以从实然和应然两方面的分析着手，采取多重视角和方法来分析现有家庭制度的不足，为完善对策提供方案。

四、研究思路与研究方法

（一）研究思路

家庭权保障的议题主要基于社会普遍程度及现有理论不足而产生，针对家庭权的世界共识与中国的特殊性进行分析。论文首先就家庭权进行界定，以厘清家庭权的前世今生，并对家庭权做进一步的认识。尤其通过对家庭结构的内在分析得到古代家长制呈现家庭权力形态，而现代家庭内部呈现人人平等关系，呈现家庭权利形态的结论。接着对宪法确立家庭权的理由进行阐释，本文认为主要有三方面理由，“人性尊严”的人权保障、家庭功能的维护、民主政治缔造的需要。然后针对我国家庭权受国家保障的内容进行系统梳理与归纳，构建家庭权的权利体系。文章对家庭权按照基本利益进行类型化和体系化，形成家庭自由权、家庭人格权、家庭身份权、家庭经济权、家庭成员权，再以此为基础分析家庭权的国家保障义务。本文分析国家保障义务对德国“社会国”理论有所阐述和借鉴，但主要针对我国社会主义原则予以分析，通过分析社会主义的国家任务、社会本位及以人为本，得出国家保障义务的三个层次，主要有国家尊重义务、国家给付义务及国家保护义务。最后针对国家保障义务建立起家庭权的国家保障义务体系，针对家庭权保障制度的不足进行完善。作为社会主义国家，家庭权在防御性、受益性及客观秩序性功能方面都存在不足，需要相应的补足，其中最主要是在立法上赋予家庭的法律主体地位。通过确立家庭的主体地位，增强家庭在社会中的地位，从而赋予家庭权更强的防御性、受益性及客观秩序性功能。

（二）研究方法

关于家庭权保障研究，本文主要采取了历史分析方法、法律解释方法、比较研究方法与法律体系的建构方法。

1. 历史分析方法。本文针对家庭的形态及功能分历史阶段进行分析，揭示家庭发展和变化的过程，弄清家长制时代权力形态的本质，通过这种根源式的分析为近代家庭转变做对比，分析出现代家庭权利本位的特质。

2. 法律解释方法。通过法律解释，将家庭宪法保护原则在具体立法要求中予以具体解释，在适用宪法保护原则时充分解释家庭权与个人权利之间的逻辑关系，得出家庭权的重要性与普遍性，为国家义务建构作出充分的前提解释。

3. 法律体系的建构方法。本文针对家庭权的防御性、受益性、客观价值秩序功能建构了一种国家保障义务体系，已具体形成立法机关、司法机关及行政机关的尊重、给付及保护义务，针对现有不足进一步完善保障义务体系。这样的好处在于将家庭权的法律规范进一步概念化和具体化，发现现有家庭权保障方面存在的空白和不足，最终为保障体系建设找到依据。

4. 比较分析方法。本文针对古代欧洲与中国“家长权”的对比分析，得出家庭经历过权力时代，而近代以来需要的是一种权利本位，从而促使家庭革命。在现代，通过比较分析德国的基本权利与中国的宪法权利、德国的“社会国”与中国的“社会主义”，得出家庭权保障都呈现权利保障的位置，并且要为家庭权保障提供全方位义务的结论。

第一章　家庭权的界定

第一节　家庭权力到权利家庭

一、家庭权力时代及其嬗变过程

自古以来，中西方对家庭概念及文化形成存在差异，但基本形态相差无几，都强调以“家长权”为中心的家庭建构。尤其我国几千年来形成并保持的家庭传统带有浓厚的伦理道德观，家庭内部结构中，父子之间形成的是一种基本的社会关系，以孝道规则来支配，这种孝道并不局限在赡养问题，而主要集中在对家长的尊从，强调家长具备威权，以此形成“家长权”。在家之外，家长也注重对国、天子（君主）的孝道。某种程度上，中国古代社会家国是集于一体的概念，通过“孝”来连接君主制和家长制。正如梁治平先生所言：“从尊长到天子的权威，齐家治国平天下的纲领，再到人成为人的根本，都体现一个‘孝’，这就是古代中西文化不同的地方。”[①]以孝道为规则秩序的“家长制”的家庭强调其他家庭成员对家长服从的义务，形成以义务为本位（或着说中心），进而在此基础上形成“家长权”。中国历朝历代家庭权基本以“家长权”为核心，带有强烈的专制与支配思想。古代西方社会对“家长权”文化相对淡薄，但家庭结构大体上呈现出更加明显的权力特征，主要强调家长对卑亲属享有的一种支配权。罗马法对家庭权的规定体现个人家庭观，虽然强调权利，但强调“家父”为中心的权利。按罗马法规定，在公法领域中家庭具备权利形

① 梁治平：《寻求自然秩序中的和谐》，中国政法大学出版社，1997 年版，第 119–120 页。

态，但在私法领域中强调的权利，实质上是一种权力概念，因为家庭作为“家父”私有物，其他家庭成员，如子、妻、女在私法上并不能确立完整的“人”，“家父”成为私法“个人”概念的条件，这样罗马私法实际也是“家长权”法。这种以个人权威建构的“家长权”和以义务为中心的“家长权”理念虽然有不同之处，但不可否认中西方家庭某种程度上都是权力场领域。后来个体权利本位论，如自由、平等、人权的价值理念让固有的、至高上的“家长权”有所削弱，从而将其他家属成员从绝对意义上的支配权中解放出来，从根本上具备摧毁专制的“家长权”功能。我国历朝历代注重家庭义务本位的价值理念，注定无从摆脱专制主义“家长权”的力量，自由资本主义发展缓慢导致无法产生近现代权利本位概念，也就是当专制的“家长权”与“家国一体”的君主制紧密相连时，家长与君主权威都在强调以义务为中心，加之封建时代后期闭关锁国，以致权利观念萌芽的机会都没有。因此，如果不从政治制度上根本解决，家长制下呈权力形态的家庭结构将很难撼动。由于中西方国家在家长制传统及形态方面存在差异性，尤其在家庭决策、支配方面有较大的差异，所以本文对权力家庭结构分开来分析。

（一）古代“家长权”

1. 中国“家长权”

这种“家长权”在家庭内部呈现家长意志的实现方式，家长的权威使家庭结构呈权力构架。

（1）“家长权”内容

按照有关学者的考证，“家长权”集权力与权利为一体，缔造的权威大致包括：第一，财产权。家庭所有的经济利益的客体都属于家长所有，享有绝对支配权和处分权。子孙私自动用或处分财产必须经过家长的同意才可以，否则将受刑事处罚，按私自动用的价值来决定刑罚的轻重。

第二，主婚权。家长对子女具备主婚权，子女对婚姻不得违背家长意志。“父母之命，媒妁之言”是西周以来就形成的社会婚姻基础，子女并不享有独立的婚姻支配权。[①] 第三，教化与指令权。这种权力蕴含着对子女的教育，但主要特征是其他家庭成员（尤其是子女）不得违抗家长的指令，如有违反，家长具备惩罚权，并且一般情形下家长不需要承担律法责任。第四，送惩权，俗称报官权，主要针对家长将不肖子孙送到官府惩戒，呈现出权力形态的家长意志，本质是君主（国家）赋予家长的一种权力。这种权力要求不高，不需要相关证据，并且官府也会受理，因此，这种送惩权的权力特征较为明显。[②] 这种权力形成在于家长的权力随着时代发展不断减少（如生杀大权的取消），但对家长的间接特权并没有取消，只是这种直接权力转移到了国家。

（2）“家长权”特征

中国几千年来基本都呈现出家国一体的社会类型，家庭在整个社会结构中是最基础的单元，成为整个国家及社会构架的缩小体，正如钱穆所言“家族观念是中国文化的筑起点”，黑格尔也称中华民族精神本质上属于一种“家庭的精神”，“家长权”在整个家庭中发挥最重要的职能，也构成稳定社会秩序、巩固国家政权的核心要素，“家长权”的运行方式到国家层面成为君主专制。“家长权”实质上形成君主（国家）赋予家长的社会管理权，通过“家长权”履行政治管理治理，因此国家律法承认家长作为家庭的核心，家国一体的制度下是对君主（国家）负责。“家长权”意味着个人意志实现的权力特征，与君主专制密切关联，因此家庭在集权和专制模式下也呈现集权模式。[③] 这样一来，国家、社会、家庭三位一体

① 如唐《户婚律》就规定“诸卑幼在外，尊长后为定婚，而卑幼自娶妻：已成婚，婚如法；未成者，从尊长。违者，杖一百。”

② 如《大清律例》中规定“父母控子即照所控办理，不必审讯”。

③ 例如在古代中国，采取“天无二日，土无二王，国无二君，家无二尊，以一治之也”（《仪礼．丧服四制》）的礼制（本质是专制）原则，对家庭来说只能有一个家长，也就是父权，家族的所有事物

形成专制的社会结构，国家通过对社会组成单元——家庭的控制，实现社会统治。虽然“法不入家门”的方式表面上看是尊重家庭而不介入家庭事务，实际上是通过“家长权”分担社会管理，君主并不是要放弃对家庭及家庭成员的管控，而是授权管理，显然“家长权”成为国家和家庭的中间要素。古代律法在三纲五常的伦理观下设计了以“家长权”为核心的家庭权力结构，在“家长权”被建立和巩固的情况之下，国家不必再介入干涉家庭子女、妻妾的关系，也不用去处理家庭暴力、儿童教育问题。这种以“家长权”为核心的家庭体制为国家的社会管理职能减轻了负担，通过法律明确家庭的掌控权，所谓的家庭自主只是君主制无法顾及社会的借口，这种家庭体制实质上是建立在牺牲弱者的权益之上来实现的，国家加强父权（“家长权”主要是父权）体制虽然从统治者的角度来考虑是有利的，但失衡的权益关系实际上加剧了妇女及儿童的弱势地位，进而造就失衡的社会关系。

其次，强调个人对家庭的依附。以父权为核心的“家长权”，主要以其他家庭成员履行义务为基础行使，造成其他家庭成员对家庭的依附。在古代，一个人最基本的身份是某个家族的成员，然后才是其他社会关系的角色。因此，在家长制下，个人主义完全不存在，个人的行为完全依靠家长的决策和支配，没有独立的财产，甚至不能自由支配自己的人身。同时，一个人成为家长意味着拥有家庭，但在成为家长之前作为家庭成员，也能体会到个人依附于家庭的感受，这种感受很大程度是礼法带来的规范，也就是说家长在履行家长职权时已经内化为一种礼法上的要求，这正是统治者所希望达到的目的。[①] 这种个人依附家庭的观念，即人作为自然

必须服从家长，“中国的家族是父权家长制的，父祖是统治的首脑，一切权力都集中在他的手中，家族中所有人口——包括他的妻妾子孙和他们的妻妾，未婚的女儿孙女，同居的旁系卑亲属，以及家族中的奴婢，都在他的权力之下。具体请参见瞿同祖：《中国法律与中国社会．家族》，载《瞿同祖法学论著集》，中国政法大学出版社，1998 年版，第 6 页。

① 参见梁治平：《寻找自然秩序中的和谐》，中国政法大学出版社，2002 年版，第 129—130 页。

的、独立的个体，如果不受任何人伦和集体关系的制约，很难被世俗接受为“成人”，当一个生理年龄的成年人尚未成婚，只有在自己组建家庭之后才能成为家长制意义下的“人”。同时，子女、妻妾依附于家庭，也可以附属于家长，婚姻（性行为）只是为家族传宗接代，子女是家庭延续的代表。因此，婚姻的本质不在于个人意志的实现，在于家庭的目的，任何个人主观愿望（包括恋爱的对象）都必须以家庭利益为先，现代看来是个人终身大事的婚姻在古时实为家庭任务，婚姻当事人只是实现家庭目的，延续家庭的一种手段，因此家长包办婚姻大事，子女只有服从的义务。在家长制时代，个人与家庭、家族的延续密不可分，是人身依附性不言而喻的体现。正如林语堂先生所认为的，在古代社会观念之下，每个人都需要承担家庭的重要角色，这种角色受制于家长的传统和礼法，家庭义务观显现无疑，并最终内化成每个人心目中的文化。因此，在这种文化氛围下，理想之士不会把个人当作本位，而是要成为光宗耀祖、为家庭争光的子孙。[①]这种依附性决定个人不是为自己而活，而是为家庭（家族）延续而存在，但一个人生存的目的成为外在理想的寄寓时，这与现代的自由、平等产生极大的矛盾，这种身份关系决定个人桎梏无法解脱，因此家长制必然随着社会发展被瓦解。

2. 古罗马法中的“家父权”

在罗马公民的观念上，人作为人生存的核心要素是有自己的家庭并儿孙满堂，从一开始，罗马家庭中家人之间互以伦常为纲纪，只有家父才能成为家长。

（1）“家父权”内容

从当时的法律来看，整个家庭必须是家长意志的体现，全家都要听从家长的指示。家庭中其他家庭成员对家父来说完全没有权力。家父在家

① 参见林语堂：《生活的艺术》，安徽人民出版社，1988 年版，第 167—170 页。

庭中具备绝对权力，家父可以严厉约束家庭成员，具备制裁权，甚至可以动用死刑。在成立家庭方面，家父选择处女给儿子做配偶，妻子所生子女抚养与否要依赖于家父的意志。这种集权，甚至极端的家父权模式并不是要构建一个冷漠的家庭观念，而在于罗马人认为成家立业、生养子女是道德上的约束，是公民的义务。“家父权本质上无所限制，不对任何人负责，这种权力既不能更改，也不能摧毁。”[①]家父权的权力范围及与对家庭中的人（包括妻、子女及奴隶）、财、物的支配。单纯从对人的效力来看，家父权体现在与家庭成员形成的关系是一种支配权。总体来看，家父权权力范围很广，主要有：第一，主持祭祀与延续祖宗权。家父要敬奉祖宗以及绵延家嗣，对上要祭祀祖宗，对下要生育延续家嗣。从绵延家嗣的职责出发，家父对未来家庭成员具备取舍权，按家父意志可以形成选择、遗弃、结婚与离婚的意志，还可以通过遗嘱或指定继承人，并决定家庭成员的保佐人、监护人等。第二，裁决权。家长在全家具备至高无上的统治权，当然也可以充当“法官”的角色来维持家庭秩序，可以对家庭矛盾、家属犯罪等具备现代司法裁决的权能——审讯并定罪的权力。主要是当时国家没有力量去干预各家庭事务，必须借助家父的权威来管控社会，与中国家长制如出一辙，甚至可以说家父的权力比家长更大，家父可以行使家庭司法，可以对家庭成员采取体罚、出卖或逐出家门等强制手段。总的来说，家父对家属的支配权很大，大到拥有生杀予夺的权力。第三，家主权。家长作为一家之主，在家庭事务上具备绝对的决策权和指挥权。有权指挥其他家庭成员、奴隶等劳动内容及耕作，对家庭财产进行管理及支配。家属收入、取得及劳动等财产都归家长所有，家长还可以把孩子变卖以获取经济利益。在家庭事务方面，家长可以指挥全家成员及奴隶进行劳作，并且可根据家庭需要购买和卖出劳动力。

---

① ［德］特奥多尔．蒙森著，李稼年译：《罗马史》（第一卷），商务印书馆，1994年10月版，第54–55、135页。

（2）具备“家父权”的条件

按罗马法律规定，罗马市民具备家父权的条件有以下几个：第一，必须是罗马市民，不属于罗马法上的市民绝对不能享有家父权，这是罗马身份的一种权力，因为当时罗马人口多样化，外来人口具备这种权力形态的“家父权”对罗马统治是极为不利的，并且在罗马早期时代，家父权只属于贵族，平民不具备这种家庭统治性权力，直到后期《十二铜表法》才正式确立平民的家父权，这种变化与罗马政体变化有关，因为从早期的君主政体到中后期的共和政体转变，需要吸纳更多平民参与统治。第二，“家长权”必须属于男性，如果罗马女性市民收养子女，也无法享有“家长权”。第三，必须成为自权人。享有家父权的市民，必须没有父系直系尊亲属才有可能，也就是按父权制度不再受家父制度约束。因此，家父权的主体是成年男性的罗马市民，并且是自权人，这样才可能成为家父和掌管家庭的主宰者。

（3）“家长权”的特征

第一，终身性。市民一旦取得“家长权”即终身享有这项权利，只要存在着生命，不管生理及心理的缺陷，这种依附身份的家父权一直存在。在家庭内部，无论家庭成员职务、年龄等情况如何都要受“家长权”的支配。第二，专属性。家父权不可让与，是独特的身份权。当某一家庭成员被决定出卖时，家父对其家父权只是暂停并不会终止。如出卖儿子给别人做劳动力，当劳动期满，儿子必须接受原有的家父支配。但家父权不是绝对不受限制的，在某些方面也要受到法律限制，如家父只能行使三次对家庭成员的出卖权，否则便会丧失这种权力，但绝不会出现家父权被剥夺的现象。这主要在于国家本质是要赋予家父管理家庭的权力，从而实现维持社会统治的目的，直到后期罗马国力不断强盛，政治功能增强导致家父权权威不断降低，这就是后来家父权不断受到干涉、限制，甚至剥夺的原因。[①]第三，绝对性。家父权是一种基于身份的权力，注重强调其他家庭成员的义务，对家庭及家属私权具备绝对支配权。开始，家父权并不受法律限制，也无需负任何责任。在罗马，国家一开始并不干预家庭事务，家父权享有绝对的权威，但同时受到一定的制约。因为后期罗马国家强盛，政治国家功能不断完善，家父权开始受到义务限制，以前单纯的权力形态开始具备权利义务相对的形态，但总体来说还是一种权威的力量。第四，受公权限制。家父权只涉及私权而不涉及公权，公权受国家干预和限制，也就是说家属在公权方面不能受"家长权"限制。如家属到一定年龄的选举权，担任法官、监察官、执政官等也不需要家父同意。但无论何时，家属的私权必须受家父支配。第五，排他性。在一个罗马市民的家庭中只可能存在一个人拥有家父权，除了家长任何人无法享有这项权利。当父亲作为家父时，包括母亲在内都不具备家庭权力；当祖父作为家长时，家父的权威作用至子孙。总之，家父的权威是集权型的，具备绝对排他性。第六，广泛性。家父权范围极为广泛，包括对家庭事务决策权、对其他家庭成员及奴隶的支配权等人身和财产支配权。

（4）"家父权"的基础

在古罗马法制体系中，家庭法建构的基础是家父权，家父对内依靠权威，对外代表家庭，只有家父才具备对外缔约权，其他家庭成员不具备单独契约的权利。这样来看，罗马法上的家庭在家父的统治之下实际成为一个垄断的社会组织，家庭各成员在垄断性的组织中紧密联系在一起，如同居、共食、同祭等。罗马法上的家父权严格意义上呈现出权力特征，在家庭组织的权力配置中家父对子女具备绝对的权力，盖尤斯认为家父制度是罗马民族一种独特的权威制度，享有至高无上的家庭权力，比世界上任何一个民族都要强大。罗马法上的家父权是父系社会对阶级社会最初的影

---

① 参见周枏：《罗马法原论》（上），商务印书馆，1994年6月版，第148-149页。

响，直接影响到罗马法，尤其对市民法影响比较深刻，甚至对资本主义立法产生影响，也就是后来的“亲权”。恩格斯认为罗马法上的家庭具有两方面主要标志：一是将非自由人包括在家庭中，例如奴隶被当作家庭的财产；二是“家父权”，一人统治的家庭构造是独特的。因此，要了解罗马法的社会结构及罗马法，“家父权”是不得不了解的内容。[①]

在古罗马，家的概念是指家父权之下的一切人和物，家父对家庭具备绝对的支配权和处分权。由于古罗马法处于一种原始状态，人和物并不完全分开，后来随着社会的进步，从家父权可以分解出多种权力形态。首先，人和物开始分开对待，人作为主观能动性动物毕竟与物不同，所以从家父权中分解出对物的所有权。在古罗马早期，由于奴隶制度尚处于成型阶段，奴隶人数少，与主人共同生活，参与家庭事务受主人支配，总体上地位没有明确下来。到了后期，奴隶可以作为支配的物，但又不完全等同于物，奴隶可以参加祭祀活动，还可以有条件地解放成自由人，甚至被主立为继承人，但地位与家庭成员不能相比，主要在于缺乏独立的法律人格。其次，妻子在罗马早期也被当做家父的物，成为结婚对象后主要目的在于生育，但同样受家父支配，但在家庭内部妻子比子女的实际地位高，要受子女尊敬。实际的家庭内部中，妻子在子女养育方面具备一定的权利。第三，在罗马早期时代，家庭生产功能需要劳动力维持，面对社会劳动力分散和不足的问题，家庭为了补充劳动力，只能通过买卖形式来补充家庭劳动力，因此，从家父权中又分离出买主权。虽然这种分离出来的权利与家父权共存，但家父权才是最重要的，所有的家主权、夫权及买主权都可以归为家父权。[②]通过以上的分析，我们不能单纯以现代观念看待家父权的弊端，这种家庭制度产生具备社会历史的客观因素，有其必然性的同时，也有历史贡献。

---

① 参见江平、米健：《罗马法基础》，中国政法大学出版社，1987 版，第 77–78 页。

② 参见周枏：《罗马法原论》（上），商务印书馆，1994 版，第 141–142 页。

(二)近代“家长权”制度

虽然中西“家长权”制度具备差异，但随着时代进步都发生了变化。在特定的社会条件下，“家长权”制度一方面继承了部分因素，但本身也发生了巨大的变化。其中，家庭法原则的引入和社会历史变迁密不可分。尤其是西方资本主义产生、发展和成熟后，家庭法开始作为民事法律规范而出现，其基本原则主要有：其一，个人本位主义。从宪法、民法等法律上强调个人的自由与尊严，个人开始不受家族及家长的束缚和限制；其二，私法自治原则。开始强调家庭生活的私权性质，并区分公共与私人生活领域，国家对家庭关系的规定更多的是调整，而不是干预。其三，契约原则。不断强调家庭成员的意思表示与平等，家庭权开始从身份到契约转变，身份不再是权利义务的起点，契约不断替代身份；其四,一夫一妻原则。这个原则是家庭制度转向现代文明的重要标志，[①] 是近代以来“家庭法”最重要的立法原则之一。

1. 文明演进与“家长权”变迁

随着人类社会的发展，“家长权”的发展状况和古代形态大不一样。按人类社会发展的普遍规律，家庭制度在不同文明时代呈现不同的发展阶段。在原始时代人类家庭进入萌芽阶段，在农耕文明时代人类家庭进入形成时期，在工业文明时代人类家庭步入快速发展及成熟阶段，并呈现出四种优化形态，即群婚、对偶、血亲主位专偶、婚姻主位专偶家庭形态，其中包括血族、母系亲族、母系对偶、父系对偶、父权家长制、封建家长制、夫妇式、两性平等的八种具体的家庭形态。这四种优化形态和八种具体形态的相互联系构成人类社会家庭发展的基本序列。[②] 按威廉·F·奥伯格的归纳，家庭作为自给自足的生产、消费组织，首先是经济功能，除此

① 邓伟志、徐榕:《家庭社会学》，中国社会科学出版社，2001 版，第 117 页。

② 丁文、徐泰玲:《当代中国家庭巨变》，山东大学出版社，2001 年版，第 416 页。

之外还包括管理、保护、情感、宗教、生育、教育等多方面功能。① 近代社会以来，传统的一些功能被国家组织或社会组织取代而发生转移。例如权威、地位从以家庭为中心转向个人主义，从服从家长的义务转向个人权利的立足，据此不断注重家庭成员个体的独立性与平等性，进而忽略老幼尊卑。第一，个人权利本位主观和客观上消除了传统的服从义务，“家长权”权威的降低使得家庭作为“小政府”的政治功能不断弱化；第二，家庭经济功能随着工业化不断消解，家庭生产、分配及交换已经被社会化，某种意义上家庭成为家庭成员共同消费的组织；第三，学校体制的完善替代家长对孩子的基本教育功能，相对教师来说，家长对孩子的教育技能明显不足；第四，社会保障制度的不断建立、完善取代家庭传统的保护功能，家庭个人的安全及生活保障大量地向社会转移。由于传统家庭大量功能被国家和社会替代，步入近代以来，家庭制度必然发生根本变化。总体上，家庭制度呈现以下几方面特征：第一，家长本位转向家庭成员个人本位。在工业社会之前，国家通过家庭聚合而不是按个人形式聚合，到了工业革命之后，由于个人自由、独立思潮的来临，个人本位的观点逐渐形成统治地位，因此民事法律越来越多地从家族利益转向对个人自由的保护。第二，家庭义务转向家庭自由权利。由于受妇女运动影响，男女逐渐在政治、经济、生活等各方面开始注重平等，传统意义上婚姻附属家庭得以改变。从这个意义上说，男女婚姻构成的家庭并不一定成为社会单位，家庭成员依然是独立个体的存在，据此近代家庭法注重创造一个完全自由、平等及独立的婚姻模式。第三，家庭不再看重等级、血统，这样一来，社会打破了以身份优势决定个人社会及家庭地位的传统，个人本位式的利益越来越受重视，自然导致血统、等级观念被淡化。②

近代工业化导致社会大解放，封建式的大家庭逐渐被小家庭取而代

① 转引自邓伟志、徐榕：《家庭社会学》，中国社会科学出版社，2001 年版，第 72–76 页。

② 邓伟志、徐榕：《家庭社会学》，中国社会科学出版社，2001 年版，第 117–118 页。

之，“家长制”必然会削弱直至消灭。“我们普遍所谓大家庭和小家庭的差别又绝不是在大小上，不是在这个群体所包括的人数上，而是在结构上。一个有十多个孩子的家并不构成‘大家庭’的条件，而一个只有公婆儿媳的家庭却不能称之为‘小家庭’。在数目上说，前者比后者为多，但在结构上说，后者却比前者为复杂，两者所用的原则不同。”①受近代启蒙运动影响，自由、平等、博爱观念深入人心，导致家庭思潮要摆脱家长制的义务本位，突出实现个人幸福。实现个人幸福权利主要是组建独立、平等的家庭制度。在家庭的组合上注重男女意志的爱情为基础来生儿育女并自然组合家庭。家庭的基础以独立个人自由意志（爱情），那么其他家庭成员之间的关系必然要按平等来建构。父母、妻子及成年子女不存在支配与被支配的关系。在家庭财产上，由夫妻共同享有。对于子女的生育和抚养，家庭依然保持生命个体延续的功能。“家庭既以生育为它的功能，在开始时就得准备结束。抚育孩子的目的就在结束抚育，但在不同的族群的人类文化中，家庭总是具备多重功能。”②在西方近代家庭中，夫妇成为家庭主轴，子女只是家庭这个社团的配角，一旦成人他们就会离开父母为主的社团，传统家长制下的政治、宗教、经济等功能由国家或社会团体分担，不再寄托于家庭之中。因此，随着人类文明的发展，家长制的伦理及制度不断得以变化和消亡，使家庭功能、伦理及结构发生根本性变化。

2. 中国“家长权”制度的没落

中国西学东渐的过程对传统家族制度产生抑制。清末开始，近代中国家庭法律制度因受西方影响开始拉开权利论调，几千年的传统家庭制度开始发生变化，据此变成清末民事改革的重要方面。因此，清末修订法律的指导思想是“最有利益的法则”“注重普世法则”“最精之法理”“最适于民情之法则”，于是起草了近代中国第一个草案《大清民律草案》，里面

① 费孝通：《乡土中国》，中华书局，2013年版，第41页。
② 费孝通：《乡土中国》，中华书局，2013年版，第42页。

对传统家长制有保留、也有改进，如规定“家长是一家最尊长者”“结婚须由父母允许”“家政统于家长”。同时，在不少地方吸收西方近代法律及价值观念，如通过法律来调整家庭成员的法律关系、独立的财产体系，使“家长权”呈现与以往不同的制度特征，①开始摆脱传统伦理法的身份继承，并开始进行财产继承方式，将身份关系的问题规定在“亲属编”，关于财产问题纳入“继承编”，如果是身份继承则放在“亲属编”里面的“亲子关系”中，显示与世界身份到契约的法理相一致。在这种体例下，家庭在整个“亲属编”里具备核心地位，加之秩序的调整建立在家庭身份的基础之上，以便维护传统家族脉系的身份制度，但功能重心开始从继承到调整家庭关系。如“亲权由父或母行之”、夫妻相互抚养及同居义务。可以说为后来的亲属法内容奠定了基础。除此，大清这部民法草案开始受西方个人本位主义的影响，并不断学习西方立法技术。因此，《大清民律草案》在家庭制度构建方面兼具中华传统与西方法律思想。不过，当时的立法者也看到当时中国的历史传统因素，主张不应完全按个人主义来构建家庭制度。②原因在于清政府当时本着“中学为体、西学为用”的指导思想，对法律修改不悖纲常，“凡亲属、婚姻、继承等事，除与立宪相背酌量变通外，或取诸现行法制，或本诸经义，或参诸道德，务期整饬风纪，以维持数千年民彝于不敝。”③因此，立法者认为亲属法、继承法基于传统民俗，不能完全照搬西方。基于传统思维，《大清民律草案》建构并不是完全以西方个人权利为中心，家族本位还体现得十分明显。相比日本家庭法，

---

① 参见由杨立新点校的《大清民律草案民国民律草案》，吉林人民出版社，2002 年版，第 170 页。

② 如当时学者认为，按目前中国社会的实际情况，除了本人的人身之外，人人都具备家庭的观念，住在同一个屋檐下的就是家属，家长就是家庭事务主导者，而现行社会既然是一种家属制度，就不应该是个人制度，并且家长、家属的称呼都在律法中常见。同时，中国历朝历代都具有调查家庭户口、家庭人口的习惯，所谓户就是指家，因此法律上应该明确家的概念。目前十八个行省的社会中都盛行家属制度，这也是数千年来的家属习俗，从中国实际出发，参见历史来编纂中国亲属法是应该的，应该深信家属制度，不能再去怀疑。具体参见许莉：《〈中华民国民法 . 亲属〉研究》，法律出版社，2009 年版，第 174 页。

③ 转引自许莉：《〈中华民国民法（亲属）〉研究》，法律出版社，2009 年版，第 174 页。

《大清民律草案》更注重维护传统伦理的“家长制”。日本虽然以家为社会本位，但采取家属主义，特别注重“亲权”，但起草者认为日本亲属法与中国传统“家长制”存在较大差异，“日本向来有家法无宗法，其宗寓于家，但宗法自宗法，家法自家法，承祧与继家应为两事。”清代的《大清民律草案》是中国传统“家长制”开始转变的开端，标志着中国进入实质性的改革阶段。[①] 虽然后来清政权被推翻，草案未公布施行，但标志着家长制的伦理基础产生动摇。

相比于《大清民律草案》《民国民律草案·亲属编》对家长制具备明显的家族主义色彩，但在具体内容上也有了实质性改变。[②] 进入北洋政府时期，民事法律仍然带有浓厚的宗族色彩，尤其明确家长在家族中的地位。如大理院在 1917 年 852 号判例中规定，“家政应有所统属。凡家属关于家事之行为，均应受家长之监督；家长并不一定由家父担任，而是由家属推定或为尊长的人担任。而未成年子女的父为法定代理人；父母对子女的财产具备管理权；父母对子女在一定范围内具备惩戒权；只有成年子女才能脱离家庭。”[③] 同时，大理院 1915 年第 951 号判例：“祖父母、父母对于子孙之分财异居，有允许与否之权；家长还拥有主持家庭祭祀权、决定立嗣权、决定家庭成员婚姻权、家政管理权等。”[④] 1914 年北洋政府公布《暂行新刑律补充条例》规定长辈尊幼的刑罚具备不平等的量刑标准，最后刑法修正案也在《总则》中特意增加“亲族加重”一章。[⑤]

---

① 程维荣：《中国近代宗族制度》，学林出版社，2008 年版，第 235–238 页。

② 《民国民律草案》(亲属编)，第四编第二章第二节第 1070 条：家长，以一家中最尊长者为之。1071 条：最尊长者，不能或不愿管家政时，由次尊长者代理之。1072 条：一家中之尊辈未成年时，由成年之卑辈代理之。1073 条：家政统于家长，但得以家政之一部分委任家属处理。1074 条：与家长同一户籍之亲属，为家属。1075 条：异居之亲属欲入户籍者，须经家长允许。1076 条：同居之家属欲出户籍者，须得家长同意。1077 条：家属不得反于家长另设住址。违反者，家长可以解除抚养。1078 条：家长决定家属成婚、立嗣。1082 条：家长家属具扶助义务。

③ 宇培峰：《“家长权”研究——中、西法文化视野中的“家长权”》，中国政法大学博士学位论文，2011 年第 136 页。

④ 同上

⑤ 程维荣：《中国近代宗族制度》，学林出版社，2008 年版，第 247–248 页。

到了国民党时期，颁布的《中华民国民法》具备现代民法原则，“家长权”发生了根本转变，在其“亲属编”的“家”这一章也规定了“家长”的权利义务，[①]使家庭制度正式摆脱传统的“家长制”，开始形成现代家庭法制度。首先，自由、平等观念进入制度层面，并逐渐被社会所接受，尤其是城市先进人士更多地受西方影响，开始追求个人的自由和幸福，对家庭、婚姻及继承制度形成全新认识，而对于传统家长制下的不自由婚姻、不平等财产权和继承权开始动摇。其次，对于一些接受西方先进文化的家族，在家规中注入若干自由、民主的理念，与传统“家长制”呈现全新的形式，原有的家长、族长等身份角色不断淡化。第三，由于商品经济不断发展，传统自然经济比重不断下降，加之西方文化、科学技术文化的传播，与现代工商业、科学化不相适应的“家长制”观念不断被淡化，人际关系更多需要通过契约精神实现，而不是靠身份关系，因为商品交换、科学文化、民主平等意识需要注入更多的权利义务观。尤其是城市化发展，大家族式的家庭必然造成瓦解，传统的“父母在不能‘别籍异财’”的观念产生很大改变。[②]经济、文化的发展也是中国近代“家长权”制度走向衰落的根本原因。《中华民国民法·亲属编》的基本指导思想完全按照西方近代法律原则，虽然大多是抄袭德国和日本民法典，但体现的进步意义不可置疑，尤其是“人格独立”“男女平等”对摧毁“家长制”起到主要作用。

---

① 如《中华民国民法》(亲属编)，第四编第六章第 1123 条：家置家长。同家之人，除家长外，均为家属。1124 条：家长山亲属团体中推定之；无推定时，以家中之最尊辈者为之；尊辈同者，以年长者为之；最尊或最长者小能或小愿管理家务时，山其指定家属一人代理之。1125 条：家务山家长管理。但家长得以家务之一部，委托家属处理。1126 条：家长管理家务，应注意于家属全体之利益。

② 程维荣:《中国近代宗族制度》，学林出版社，2008 年版，第 4–5 页。

二、家庭权的宪法确立

经过文艺复兴、宗教改革及后来的启蒙运动，“个人”独立概念逐渐产生，个人人格独立确立起来后，原有的人身依附关系开始土崩瓦解，尤其经过个人本位及人权概念的洗礼。因此，原有的个人依附家庭的状态必然要发生改变，个人摆脱家庭（家长）之后能以自主的个人身份参与到社会经济及政治生活中来。因此，梅因将个人独立的过程概括为：“个人自主的体现，就是个人从家族或其它集团中解放出来，让家庭得以独立自主的机会，也就是从集体走向个人的一种运动，”① 由此，个人超越家庭开始成为世界主导潮流，以至所有团体形成都以个人实现为目标，所以家庭作为团体开始成为实现个人目标的概念，家庭这种作为私人生活领域的团体要尽力实现个人的自由与幸福。尤其自十七世纪以来，资产阶级的兴盛与要求爆发革命，这给个人及生活领域带来革命性的转折，个人领域及市民社会通常被认为比公共领域更加重要。因此，个人主义本位成为近代以来的法理基础。当家庭转变为以个人权利为导向的共同体领域，也成为个人表达、自我实现及生活方式方面的重要场所。正因为如此，自由主义学者将父母亲权、夫权、“家长权”（实际上是家庭管理人）都认为是“天赋人权”范畴。正如洛克所认识的家庭，在政治国家形成之前，也就是社会还处于自然状态的时候，家庭实际上是一个男人与女人形成的一种契约，彼此之间形成生育以延续生命，但子女出生之后，父母双方按照自然法则就应该负有抚养、教育、保护等一系列的义务。② 从近代及现代来看，是自由主义彻底改变了家庭的形态，并对家庭权宪法化起到至关重要的作用。据此，1791 年法国宪法首次提出家庭事务保护，尤其在婚姻方面的自主更加推动权利式家庭，其第 2 章第 7 条规定法律承认婚姻为民事契约，立法

① 梅因：《古代法》，郭亮译，法律出版社，2016 年版，第 187 页。
② 约翰．洛克：《政府论（下编）》，刘晓根译，北京出版社，2007 年版，第 356 页。

权应针对全体公民无差别的立法形成，并进一步确认婚姻这种契约需要国家尊重。到拿破仑时代，制定了著名的《法国民法典》，这部法典在家庭方面恢复了“家父权”，认为婚姻作为契约，丈夫具备保护妻子的义务，同时妻子应该服从丈夫安排。虽然这种“家父权”具备一定封建残余，但家父权不再具备罗马时期那样的权力形态，并且该法的主要目的在于国家不得对家庭随意进行公权侵犯，应该尊重家庭领域的事务。

三、家庭权的国际化

上世纪两次世界大战给人类世界造成巨大损害，数以亿计的家庭遭遇破坏，这种惨痛的创伤意味着恢复人口再生产，因而给人类生存及生活方式带来全新的保障概念。无疑，这种惨痛的经历让家庭权提升到前所未有的高度，成为人类创伤的心灵慰藉及教训。作为社会单元的家庭不断完善能让经济快速重建和生产得以快速恢复，因此在第二次世界大战之后，人类群体开始倍加注重家庭生活制度建设，家庭权作为人权最重要的理念之一迅速成为全球适用的普世价值及规范性准则，家庭权由此上升到国家保护高度，并成为国际化趋势。自近代工业文明之后，权利本位的发展导致一些国家在战前都将家庭权相关内容纳入宪法的基本权利，而到二战后国际人权法进一步确认了家庭权纳入宪法基本权利的做法，并且后续国家在制定和完善宪法时，也将家庭法受国家保护纳入人权保障体系中来。1948年《世界人权宣言》最先提出保护家庭的概念，可以视为提出家庭权的源头，其第十二条、第十六条确立保护家庭的原则和方式。[①] 可以说，《世界人权宣言》作为人权保障的世界性指导规范，对家庭生活的尊重与保护

---

① 《世界人权宣言》第十二条规定：“任何公民的私人家庭、生活及通信不得遭受侵犯。”第十六条规定：“（一）成年男女，不受种族、国籍或宗教的任何限制，有权婚嫁和成立家庭。他们在结婚期间和解除婚姻时，应享有平等的权利。（二）只有经男女双方自由和完全的同意，才能缔结婚姻。（三）家庭是天然和基本的社会单元，应受社会和国家的保护。”

的原则成为人权保障的重要方面，以至于1966年联合国大会的《公民权利和政治权利国际公约》进一步确认《世界人权宣言》关于家庭方面尊重与保障的原则，其第十七条、第二十三条规定家庭权的范畴和保护原则。[①]在保障家庭内容方面《公民权利和政治权利国际公约》也作出详细规定，涉及衣食住行的要进行全方位保护。[②]重要的是，除了提出国家尊重和保护之外，还提出国家给付义务的主张，要求国家对福利家庭的建立具备国家义务。国际上通过承认家庭地位与权利表现出对家庭及家庭成员的个体权利的重视提升到前所未有的高度，并逐渐成为国际社会通行的准则。据此，世界各地区也逐渐推行国际法准则上的家庭权保障。首先落实家庭权保障理念的是欧洲地区，1950年《欧洲人权公约》详细规定了家庭权的相关内容，涉及家庭自由、隐私、生命、健康、生活、婚姻等方面权利，进一步细化国际性文件原则。[③]同时，《欧洲社会宪章》将家庭纳入社会保障范畴，明确赋予保障家庭福利的国家给付任务，家庭由此开始具备受益权。[④]《欧洲社会宪章》在继受保障家庭的固有要求之外，还开创性地要求国家对家庭具备义务，据此家庭权保障进入另一种高度。后从欧洲对家庭权的国家保护延伸到亚非拉地区。如1969年《美洲人权公约》加入保障

---

① 《公民权利和政治权利国际公约》第十七条规定："一、任何人的私生活、家庭、住宅或通信不得加以任意或非法干涉，他的荣誉和名誉不得加以非法攻击。二、人人有权享受法律保护，以免受这种干涉或攻击。"其第二十三条规定："一、家庭是天然的和基本的社会单元，并应受社会和国家的保护。二、达结婚年龄的男女在婚姻、家庭方面的权利应被承认。三、婚姻必须是男女双方主观意志的体现。四、缔约国应适当采取男女双方在成婚、结婚期间及婚姻解除的平等权利及责任。"

② 《公民权利和政治权利国际公约》第十条规定："一、家庭具备自然义务，尤其是家庭的建立和涉及到未成年子女教育及成长问题时，应尽可能采取保护。婚姻必须由男女双方自由决定。……"第十一条规定："一、缔约成员国要承认公民具备为自己及其家庭获得相当生活水准的权利，包括衣食住行的保障，并且具备不断的发展空间。"

③ 如《欧洲人权公约》第八条规定："（一）公民都享有家庭生活、居所、通信及隐私的权利；（二）除了因公共安全或公共经济利益的需要，或保护健康，或维持公共秩序及制止犯罪得以通过法律明确规定外，公共机构不得侵犯家庭生活权利。"同时第十二条规定："任何达到结婚年龄的男女都具备成立家庭的资格，具体权利的内容按国别进行具体规定。"

④ 如《欧洲社会宪章》第十六条规定："家庭的社会作用要求保护受到国家法律、经济及社会保障，促使家庭得以充分发展，儿童和母亲应获得重点保护。"

家庭的原则，着重从婚姻角度出发来落实家庭权保障。[①]后《非洲人权和民族权宪章》（1981年）将保障家庭权纳入进来，注重保障家庭在物质和精神上的利益，并确认国家保障义务。[②]同时第二十九条第一项特别规定个人具备的义务。[③]总的来看，世界性及区域性法律文件针对家庭保护主要体现在以下几方面：首先，随着权利观的形成以及国家观的转变，家庭不再充当社会统治的角色，而正式成为权利领域的社会单元，家庭应成为权利主体，但这时候没有对组建家庭的资格和条件明确并具体化。作为个体的公民通过婚姻及成立家庭时，其权利的行使及保障都要依照国内法律规范行使，意味着国家有义务与责任对家庭权进行具体保护；其次，家庭一旦建立就具备家庭权，应受国家保护，甚至将保护义务扩展到社会，鼓励社会组织为家庭权的社会保障承担一定义务，但国家义务不能因为社会保障而过渡到社会，国家必须借助救济、税收等社会保障措施保障家庭，尤其针对边缘或弱势家庭的外部支撑，社会承担一定的补充义务。据此，家庭权开始成为保障人权的必然要求，家庭权保障开始转变为普世价值，也因此开始了立宪的潮流。根据本文研究时统计，在世界现有的189部成文宪法中，规定婚姻权利的共25部，占13.2%；直接规定家庭权的12部，占6.3%；涉及家庭的有128部，占67.7%。[④]由此可以看出，对家庭立宪保护成为主流。

---

① 《美洲人权公约》第十七条规定："一、家庭受社会和国家保护。二、达结婚年龄的男女的结婚和建立家庭的权利应予承认，只要他们遵守结婚的条件，任何结婚行为都不受歧视。三、结婚应该结婚当事人的完全同意，否则，不得成婚。四、夫妻在结婚期间及婚姻解除时，应尽量考虑儿童的最佳利益。五、非婚生子女与婚生子女具有同等法律地位。"

② 《非洲人权和民族权宪章》第十八条规定："一、家庭受到国家保护，要保护家庭的物质和精神健康。二、国家负有家庭保障义务，要成为家庭保障的管理者。"

③ 《非洲人权和民族权宪章》第二十九条第一项："家庭作为重要的私人生活空间，家庭成员要为家庭和谐作出贡献，子女要尊敬父母，负有赡养义务。"

④ 参见孙谦、韩大元：《世界各国宪法大全》（全4卷），中国检察出版社2012年10月版。

第二节　家庭权的内涵

一、家庭权的形成逻辑

家庭权并不是权利的泛化，而是现代权利观的集中体现，其目的在于更好地保障个人权利逻辑。就权利来说，权利是人类认同转变之后形成的概念，传统的自然权利观使人类思想观念及认同发生质的变化，权利成为人类社会最高的价值追求，内涵十分深刻。由于权利的自然性概念导致权利本位超越一切人定的宪法及法律，具备根本性原则。[①] 传统的自然权理论来源于斯多葛学派的主张，甚至有人认为可追溯到苏格拉底。[②] 现代的权利观与自然权利密不可分，来源于古典的自然权利观念，可以说古典的自然权利观为人类自由、平等观注入了最原始的动力。在自然法思想的引导和灌输下，权利意味着组织（包括家庭）及更大的社会组织（更延伸到国家）会更加注重个人本位的权利状况。传统家长制不以个人权利缔造家庭制度，国家（君主）需要通过家庭来处理多种事务，牺牲个人权利为代价的功能替代随着经济、文化的发展显示出落后性，据此才有了走向权利时代的理念。现在看来，走向权利时代意味着人类步入新的发展空间。

现代宪法及法律绝大多数以权利为本位，权利本位的内涵主要在于：法律是由权利为起点的规范构建，各个结构都是由权利组成，权利成为法律体系中最为核心的要素。反过来，权利表述了法律的本质，是整个法制建构的基础。以权利为本位，那么权利就始终围绕人本主义，就形成个人的权利。按哈特的表述，人本主义需要从个人及群体的角度来实现，不能完全按照个人立场来实施保护，还需要按群体的范式让人类社会更好地发

① ［美］布赖恩．比克斯：《法理学理论与语境》（第4版），邱昭继译，法律出版社，2008年版，第65-88页。

② 孙哲：《新人权论》，河南人民出版社，1992年版，第77页。

展，从而再主导个人权利向更高层面的发展，只有当个人与群体都进步，那么这种人本主义才是真正有价值的。[①] 按我国的表述，人本主义就是以人为本，人不是指家长或尊长，而是每一个自然人，每个人都具备以个人为本位的基本权利，从权利出发设计国家制度、社会制度等。因此，才有了权利保障书、权利之学、权利的法律等说法。[②] 据此，个人权利本位意味着要保障弱者及弱势群体，现代充满正义理念的法律要保障处于弱势地位的个体权利，妇女、儿童权利保障是社会进步的表现。从本质上保护弱者既是对既得利益的认同，在法律可持续发展中，个人基本的生存权、健康权、教育权等首先应从个人角度进行保障。其次，纯粹个人本位会让权利保障落入瓶颈，无法再提高，只有在此基础上通过集体范式来构建一种集体权利再促进个人权利实现的提升，因此家庭权按这个逻辑产生出来。尤其在现代社会条件下，社会关联性非常大，个人权利实现需要借助平台和中介的力量，那么平台和中介权利要得到保护才能实现个人权利更大的保障。因此，每个人都具备个人意义上的家庭权。但对于家庭权来说，重要的是独立出来形成一种新的主体性权利，这样才更加有利于个人权益的维护。反过来，过于强调个人权利本位对家庭为单位的保护并不利，如会造成家庭功能的进一步瓦解，家庭的社会属性在自由权利的浪潮中可能随波逐流甚至消亡。在权利时代，我们应该坚决摒弃家长制下的义务本位，但对家庭共同体的概念并不能消灭，在国家与个人及社会与个人之间，家庭某种意义上是平台或中介性的小概念的共同体，在宪法及相关法律上应尽量保护这一至关重要的共同体，通过维护家庭权益的方式更好地实现个人权利保护。

---

① ［英］H.L.A. 哈特：《法律的概念》（第 2 版），许嘉馨、李冠宜译，法律出版社，2006 年版，第 178–179

② 详细分析参见何志鹏：《权利本位理论：语境、局限与价值》，徐显明主编：《人权研究》（第九卷），山东人民出版社，2010 年版，第 17 页；张文显：《权利与人权》，法律出版社，2011 年版，第 342 页。

二、家庭权具备人权的属性

人权作为一种社会概念，基于人生存和发展应有的尊严和价值，本义是一种应有权利。关于基本人权，中国有学者认为包括应有现实、法律、习惯权利；①有的学者认为人权是道德性权利，存在于人们的内心与社会舆论中；还②有的学者认为人权包括法定权利、应有权利和实有权利。③虽然学者认识存在差异，但人权的形态应该呈现出社会文明的善，作为个人和社会存在的尊严和价值必须反映出来。按目前的研究，人权由自由权与社会权两种类型组成已达成共识。就目前我国关于家庭权的研究来说，缺乏系统的家庭人权属性研究。一般对家庭的认识只局限在婚姻制度，因此大部分亲属法学、婚姻家庭法学都主要围绕婚姻家庭进行理论构建，过多集中在婚姻制度的现状对家庭权利体系化建构极为不利。婚姻家庭权利方面的具体规定主要体现在民事法律法规及司法解释中，真正要系统化构建家庭权必须围绕《宪法》第四十九条。④目前我国学者对家庭权的认识主要有：其一，“家长权”作为一种角色与作用相关的抚育理论，家长不再局限于男性，家长的权利功能主要集中在监督权。⑤其二，“家长权”实际具备保护家庭成员的功能，需要将“家长权”管理职能融入家庭权利的范畴，实际上也就瓦解了义务本位的“家长权”制度，对家庭意味着，不再区分男女、父亲和母亲，所有家庭成员都具备多种家庭权利；⑥其三，家庭以婚姻为前提，家庭权包括婚姻建立起来的多项权利，权利主体包括所有家庭成员。⑦其四，从宪法角度对家庭权进行研究，认为家庭权不再是单

---

① 参见张文显：《论人权的主体与主体的人权》，《中国法学》1991 年第 5 期。
② 参见沈宗灵：《人权是什么意义上的权利》，《中国法学》1991 年第 5 期。
③ 参见李步云著：《论人权》，社会科学文献出版社，2010 年版，第 70 页。
④ 《宪法》第四十九条：“婚姻、家庭、母亲和儿童受国家的保护。”
⑤ 杨遂全：《论国家保护婚姻家庭的宪法原则及其实行》，《中国法学》2001 年第 1 期。
⑥ 林喆：《婚姻家庭权——伦理与法律的纽带》，《学习时报》，2004 年 3 月 25 日。
⑦ 参见李震山：《宪法意义下之家庭权》，《中正大学集刊》，2004 年。

一化的权利，而是多项权利构成的权利群。这种复合权利要求国家加大对家庭权的保护力度，主要体现在国家尊重义务、国家给付义务和国家保障义务。[①] 五、从人权领域研究家庭权，主要通过国际人权公约来说明家庭权应包涵的内容，问题在于对家庭权没有具体界定，只涉及对现有家庭的保护，而不涉及独立的家庭权权利。[②] 国外学者的研究大多不直接涉及家庭权概念，更多集中在家庭法，主要针对家庭领域的法律关系、家庭权利义务等方面的研究。如萨维尼对家庭权从法律地位进行界定，家庭权缔造的家庭关系与财产规范有着本质的区别，通常受伦理、政治的影响，因此家庭领域也要出现规制。[③] 本文认为，按人民主权、人权保障及社会福利具备的关联性来说，家庭权同时具备自由权与社会权的属性。

（一）家庭权具备自由权属性

就权利所指向的法益来说，自由本身不是一种权利，而是在“人性尊严”的标准下应具有的一种状态。这种自由的发挥状态是公民权利的前提因素，只有免受外来干预才可能具备自己支配自己的一种状态。同时，自由是一种范围，这种自我支配的状态要具备一定的限制。在现代条件下，社会关联性极为强烈，自由只有在不影响他人自由及社会利益的时候才会形成自由空间。就公民自我实现的自由来说，家庭权首先应该是一种自由权。首先，以个人与家庭的关系来看，任何个人都离不开家庭，出生、成长、教育都离不开家庭的抚育，就算成年之后选择不成家也只是个人自由问题，但没有产生过离开家的状况。因此，保障家庭权首先在于保障公民个人的生存及生活领域，关系人的基本生存及尊严的问题；其次，家庭权立宪及法律确认实际上是将家庭权益制度化，是对人的生存方式上的一种

---

① 王琼雯：《家庭权初论》，苏州大学博士论文，2013 年。

② 杨宇冠：《人权法〈公民权利和政治权利国际公约〉》，中国人民公安大学出版社，2003 年版，第 335 页。

③ 杜涛：《德国国际私法 理论、方法和立法的变迁》，法律出版社，2006 年版，第 171 页。

法律确立，法律保护家庭形成自由生活权利。大致来看，从应有权利到法定权利其实是一个渐进的过程，对于确认和规范应有权利，以及如何实施法定权利，不同社会背景下都存在差异。但不可否定家庭权利是自由权利为基础，只有将生存方式的空间进行保护才能体现保障公民的基本人权。从人类起源开始到现代文明，家庭一直作为具有独立性、无私性及归属感的组织体而存在，虽然随着社会变化，家庭形态也发生改变，但家庭作为共同体表现出来的繁衍、养育、辅助、共同生活功能无法消亡，以此为基础形成的都是公民自由权利，如婚姻权、生育权、抚养权、共同生活权等等。当家庭权从公民个人权利中独立出来之后，家庭权的基础实际上仍然是公民人权的范畴，分化只是更好地享有保护。作为个体存在的家庭成员的人权不会因为家庭的存在而让位，而是在这个共同体中能更好地享有个体的权利。因此，家庭权在权利时代呈现出法律制度化缔造，使得作为个体的家庭成员在家庭组织中得到人权的最大保障。按照国际人权理论，国家有义务来保障一切人权。由于家庭具备中介性和连接性，国家保障个人的人权还需要通过保障家庭权来实现。如果国家只保障个人而不保障家庭则最终无法落脚到个人权利保护，在家庭范围内，侵犯家庭自治意味着侵犯个人自由权。因此，国家首先应当承认并尊重家庭自由权，正如对生命权的尊重，对国家最基本的约束是不得采取杀戮。除了消极国家义务，国家还有积极义务采取立法、司法及行政手段去保护家庭权，对应有的家庭自治权通过法律明确化和具体化。

（三）家庭权具备社会权属性

按人权的发展过程，社会权是二十世纪才正式确立的一种公民权利概念，既然国家是人民主权的缔造，那么在公民社会的条件下国家应该致力于公民生活水平的提高，据此衍生出新的人权类别，即社会权。[①]就家庭权来说，家庭作为公民生活领域的自由空间，这种自由空间构成社会的组成单元，与社会紧密联系在一起，这种社会关联性决定家庭权必然具备社会权属性。现代家庭角色较以往有很大不同，但家庭承担的共同体功能具备社会性，如生育、抚养、赡养、共同帮扶本质上也属于一种社会关联，只是这种社会关联具备自然性与义务性，不会因为家庭制度的变化而消失。到了立宪时代，家庭权在宪法权利体系中必然占据着重要的地位，逐渐发展的社会不断要求家庭成为最基本的保护对象。家庭权的本位不在于作为共同体的家庭，而在于家庭成员的个体权利保护。也就是说，家庭权成立的初衷在于保障作为个体的家庭成员的权利，国家保障家庭权实际上为了保障公民具备更好的发展权。例如通过提高家庭生活水平、保障家庭成员劳动、给予家庭物质帮助、提高受教育机会等手段让公民具备更好的生存权和发展权。从家庭权的国际化和人权化可以得出其具有丰富的内涵，家庭受国家保护的前提条件是尊重，其次是明确国家保护家庭权的积极义务，所以家庭权保障都伴随着国家义务。因此，家庭权具备公民自我实现意义上的发展权利，这种类型其实是按社会经济条件来确立，如家庭受益权的标准随着国家经济水平发展会不断提升，因此法律暂时难以确立。

---

① 根据现有文献查阅，关于社会权研究大致有以下代表学者：芦部信喜认为“社会权中也存在自由权的侧面”，具体参见［日］芦部信喜：《宪法》，林来梵等译，北京大学出版社 2006 年版，第 242 页。郑贤君教授认为社会权只是一个笼统的指称，权利体系应当包括多层次。具体参见郑贤君：《社会基本权理论》，中国政法大学出版社 2011 年版，第 1 页。龚向和教授认为“社会权是指公民依法享有的，主要是要求国家对其物质和文化生活积极促成以及提供相应服务的权利。”具体参见龚向和：《社会权的概念》，《河北法学，2007 年第 9 期。林来梵教授认为，所谓社会权利，即“通过国家对经济社会的积极介入而保障的所有人的社会生活或经济生活的权利”具体参见韩大元等：《宪法学专题研究》，中国人民大学出版社 2004 年版，第 340 页。夏正林教授认为：“社会权体现了要求国家积极作为这一价值取向，在规范上，它体现为国家实体性积极作为的义务。”具体参见夏正林：《社会权规范研究》，山东人民出版社，2007 年版，第 60 页。莫纪宏教授认为：“从实质上来说，社会权是个人获得完全社会化以及作为社会交往的主体生存和发展所必需的基本权利，它的实现以社会保障责任与国家和政府保障责任为前提。”具体请参见莫纪宏：《论对社会权的宪法保护》，载《河南省政法管理干部学院学报》2008 年第 3 期，第 4 页。

同时，家庭权的社会权属性并不意味着所有社会功能权益都应保障，需要明确家庭权利的保障对象，实质上是家庭权保障的集中体现。家庭基于社会权属性可能具备受益性，但只限于保障家庭的社会功能以及保障家庭物质文化生活水准。对于所谓的同性家庭不宜肯定，这种社会关系不是家庭关系，适宜用契约关系保护，因而不适合纳入家庭权保护范畴。

三、家庭权的主体

家庭自人类社会产生、发展，生育、繁衍、教育、帮扶及共同生活的功能并没有发生变化，变化的只是政治及部分社会功能，因为近代到现代国家取代了家庭的政治功能，市民社会的成熟取代以前由家庭承担的社会功能。家庭权要始终围绕家庭这个概念来构建，应从家庭的功能来理解家庭权。基于此，家庭法调整的范围只能局限于以婚姻、血缘及拟制为基础的家庭关系，那么家庭法应该具备的功能是：确认家庭成员享有的个人权益（包括确认弱势地位成员的各项权利）、提供人身及财产方面的保护；家庭的共同权益维护，并且这些功能可能会重合。按家庭法功能与目标之间的关系，家庭法的功能能否实现，首先与家庭权主体密切相关，家庭权的范围取决于对“家庭”概念范围的认同。[①] 从现代家庭功能及家庭权的含义来看，家庭权的主体主要是指从个人公民中分离出来的家庭，家庭作为公民生活方式的共同体，这种共同体必须具备独立出来的权利，才能更好实现公民的个体自由及权利。家庭可能基于多种方式形成，但本身具备的共同体功能及承载的权利是任何个人权利都无法体现的，家庭整体上具备的功能是任何家庭成员无法施展出来的，如家庭承包责任制就是以家庭为对象建构的制度，以户为单位进行农村土地制度改革；又如家庭共

① ［美］凯特．斯丹德利：《家庭法》，屈广清译，中国政法大学出版社，2004 年版，第 7 页。

同财产制其实是以家庭对象的归属确定。家庭权的建构将家庭纳为主体将有利于调整组织与家庭、家庭与家庭之间的权利义务关系，如户籍制度的管理、相邻关系的法律调整、民间纠纷的处理、学校与家庭的教育关系都适宜将家庭纳入家庭权主体，有了确定的对象，调整过程中才能更好地明确权益关系，社会关系才不会混乱。同时，家庭意味着亲属的共同利益，如果家庭这个平台或空间遭受损害，所有家庭成员都要承受不利后果。家庭作为家庭权的主体主要体现在经济利益方面，主要有家庭财产、家庭收益、家庭债务。当作为基础建构的家庭经济利益受到损害，意味着儿童、老人、妇女等个体权益受到损害，有必要对家庭这个共同体进行确认，以便对共同体实施保护。也就是，对家庭成员来说，如果基础性的家不存在，也就谈不上天伦之乐。从社会角度来说，家既是有精神意义的，又是有物理意义的。精神意义在此不谈，物理意义上主要是建构成家的物质因素，房产、共同财产等，这些都属于家庭权的因素。总之，如果不对家庭成员基础建构的家庭做法律确认，就无法深层次开展对家庭权的保护，因此理论上、实践上都应将家庭纳入家庭权的主体。

而家庭成员作为家庭中最重要的因素——“人”不能成为家庭权主体，只能说公民个人可能产生与家庭相关的权利，如生命权、健康权、劳动权、监护权、受教育权等都属于个人权利，而不属于独立出来的家庭共同体享有的权利。作为家庭来说，人要反映出家庭权利必须借助于家庭的概念，使之成为家庭成员，通过形成家庭成员权来反映家庭内部权利义务，这种家庭成员权本质属于个人，但基于家庭产生，因而是家庭权不可获取的一种权利内容。因为家庭权的形成逻辑在于更好地保护个人权利，据此家庭成员从独立出来的家庭角度而言，实际上是一种家庭身份权，因为家庭成员的个人权利保障是家庭存在的最终价值体现，现代家庭的功能在于个体权益的最大保障，而通过家庭成员独有的权利与公民个人权利接轨。但家庭成员权是基于家庭并带有身份关系的权利，不同的身份权利义务都不一样，因此，家庭成员权是属于家庭内部形成的身份权。具体来看，按家庭角色及分工，家庭成员具备不同的身份权，如母亲这一家庭成员，享有的家庭成员权包括被赡养权、共同生活权；未成年子女享有受抚养权、受教育权、被监护权等；妻子的角色享有生育权、共同生活权、夫妻平等权等。

四、家庭权的范围

从家庭组建到新家庭成立的动态角度来看，我国宪法上保障家庭权的范围大致有四个阶段的权利：第一，组建家庭方面的权利。组建家庭也就是创建家庭，创建的主体、如何创建都涉及权利。按家庭功能，婚姻是家庭的前提，也就存在婚姻自主权，也就是适婚人对婚姻具备自主权，可以选择结婚，也可以选择不结婚，若选择不结婚就等于放弃组建家庭的权利。在此有必要说明，同性恋构建的生活方式不属于婚姻范畴，属于意思自治范畴，成立契约关系。在组建家庭后，生育权是吸纳家庭成员的权利，也属于组建家庭的范畴。同时，法律拟制的收养也可以构成家庭组建方面的权利，收养也构成吸纳家庭成员的方式；第二，保持家庭存续的权利。这种权利也就是维持家庭存续方面的权利，主要涉及生活和经济利益方面的内容。从家庭内部来说，夫妻共同生活权涉及家庭生活上重要的权利，以此可以延伸夫妻共同财产权等；除此还包括家庭物质的延续权，也就是继承权、赠与权等财产转移方面的权利。就家庭外部来说，保持家庭存续的权利主要针对国家的给付义务，主要是指国家通过福利、税收及社会保障等方式扶助家庭，尤其扶助低收入、弱势家庭持续的存在。这是家庭权作为一项法定权利应该具备的内容，也是主观权利属性的一种要求，本质属于“宪法上个人对国家提出的消极或积极主张。”[①] 国家不仅要遵守不侵犯家庭内部关于家庭存续方面的权利，还要积极履行义务来保障和

① 郑贤君：《基本权利原理》，法律出版社，2010 年第 2 期。

增强家庭存续方面的条件；第三，维护家庭利益方面的权利。家庭利益方面的权利主要针对家庭整体方面的权益，包括家庭自治、人身、财产、政治、文化、受益等方面的权利。如选举权不受家庭出身影响，可称之为政治平等权；在经济利益方面，诸如家庭承包经营权、劳动权等等；在人身权方面，家庭隐私权不容侵犯，这方面权利有住宅不受侵犯权作支撑。另外，对家庭利益保障还存在国际保护权，如我国宪法第五十条保障侨眷的合法权益；[①]第四，调整家庭成员亲属关系的权利。家庭法通过亲权、收养、监护、父母子女等制度全面调整家庭成员之间的关系，以此形成权利义务关系。如《法国民法典》（第一卷人权法）、《德国民法典》（第四编家庭编）都对家庭成员的权利义务有规定，我国《民法通则》对家庭的概念没有明确提出，但普遍存在这样的法律规范，只是缺乏系统的建构，例如未成年子女权广泛存在于亲权、监护权、收养权、受教育权中，母亲权体现在被赡养权，妇女同等权表现在《妇女权益保障法》、《反家暴法》中。

第三节　家庭权的特征

一、家庭权的系统性

前面有所叙述，家庭权承载的内容实际上是权利群，家庭权包括多项权利，其实是家庭权利体系化，体系化实际上就是系统化，家庭权的体系化实际上是家庭权的系统化，系统化是家庭权最显著的特征。系统论首先是自然科学领域兴起的一种理论，20 世纪中期生物学家 L.V. 贝塔朗菲在其《一般系统论》论述“整体大于部分之和”的结论是采取整体性研究方法，将整体与部分因素对比与结合论证出整体性的特点及优势，整体地、

① 《宪法》第五十条：“中华人民共和国保护华侨的正当的权利和利益，保护归侨和侨眷的合法的权利和利益。”

系统地进行科学研究可以得出部分叠加起来难以产生的效果。[①]虽然自然科学与人文科学存在差异，但研究方法可以借鉴，家庭权呈现权利群特征，有必要对构成部分的权利进行系统化研究，从整体上、体系上得出家庭权受保护的内容及方式。尤其现代系统论不断发展，现代系统论认为整体与部分是统一的过程，在研究问题时只立足整体或只从部分来看都存在局限性，应该从二者的关系来进行论述或研究。家庭权作为权利群，如家庭自治权、共同生活权、家庭保障权、家庭税收优惠权、政治平等权、家庭承包经营权、家庭隐私权、家庭劳动权、家庭成员权等，这些权利之间既有联系又有区别，其实构成了一个系统。实际上是多个权利个体或要素相互作用形成的整体，反过来是与家庭相关或相类似的按基本权利保护的内在要求及联系组成的家庭权保护体系。家庭权涉及太多的权利，有必要对个体权利进行单个分析，也有必要结合或整合成整体进行分析。家庭权虽然按动态形成具备四方面的权利，但家庭独立出来之后可以形成像公民自由权、人身权、财产权的权利体系。因此，家庭实际上也具备家庭自由权、家庭人身权、家庭财产权，从整体上针对家庭权的保护就需要从家庭整体及家庭成员权利入手。处于家庭权系统的各种权利性能要受整个家庭权系统的制约，同时各个权利也要作用于整个家庭权。家庭权作为基本权利，这种客观法的属性需要国家建立系统的、完整的法律体系，发挥家庭的有利功能，通过家庭权保障最终体现个体权利保护。

二、家庭权的发展性

家庭权具备系统化，在系统论中任何系统存在都不是静止的，而是具备动态的过程，也就是都有其构成、形成及发展的过程，家庭权从形成、产生及发展都是动态的。首先，现代家庭权随着个人权利的保障升级而形

---

① 贝塔朗菲：《一般系统论》，袁嘉新译，社会科学文献出版社，1987 年版，第 45 页。.

成，古代家长制的义务性的概念过于浓厚，步入权利时代这种义务本位观必然要扭转，但不意味着古代不存在家庭权，家长对家庭成员的保护也就是现代意义的家庭权。因此，从家庭权的起源就可以反映出家庭权的非静止形态，在家庭权建立之初，不是所有的义务性观念就全部消除的，也就是家庭权的系统化并不是短时间能建立起来的，需要不断地为权利而斗争。其次，家庭功能的变化。近代以来，家长制下家庭承担的政治功能、社会功能不断被国家和社会所代替，原有的家庭承担的权力功能（政治功能）及社会管理功能不再存在，家庭成为个人权利发挥和保障的共同体。这种共同体的功能纯粹是生命个体的延续及发展、权利保障、共同生存及发展，以此演变出家庭权也是一个变化的过程。最后，随着国家与社会的进步，国家对家庭将承担更多的义务，尤其是给付义务和保护义务。这些义务的增多可能导致家庭成员之间的权利义务关系发生变化，因为国家义务的介入可能会导致原有的权利不需要存在，例如国家强盛发展，社会保障的高度健全，使家庭的未成年子女、年老父母不需要有受抚养权与被赡养权。因此，国家的进步导致家庭内部权利变化是极为可能的事情，这种变化最终导致家庭呈现变化的过程。

三、家庭权的开放性

家庭权这个系统具备一定的开放性，与其他系统处于联系与相关作用的关系。系统只有开放，才能与外界保持能量、物质以及信息的交换，只有这样才能有序地使家庭权的研究处于整个大系统中，以便增强家庭权利体系的开放性，使家庭权主体、内容及形式不断充实与完善。[①] 科技的发展给家庭权保护带来全新的调整，如科学上的生殖化技术对亲权构成全新的挑战。典型历史是 2014 年冷冻胚胎权纠纷，最终失独老人获得冷冻胚胎

① 杨敬之：《系统论视角下家庭权的宪法保障》，《黑龙江科学》2016 年第 14 期。

的监管与处置权。我国法律对人体胚胎的法律性质在没有法律预设的情况下，法院终审判决通过法律方法创设性地使用法律，明显具备借鉴意义，[①]更体现出家庭权具备开发的空间。但家庭权具备的开放性并不基于家庭概念的开放性而形成，而是基于家庭权益形成及实现样态发生变化时，可以将持续维持家庭权益的内容归入家庭权。如人体胚胎背后隐藏的生育权、亲权、继承权等权利离不开与家庭功能的契合；又如冷冻受精卵的情形下是否要考虑到未来的基于家庭的成员权。按照宪法第四十九条规定，家庭权利体系的开发与接纳最终离不开合宪性审视，也就是开放性具备边界，并且，所有新生事物在充实家庭权利体系过程中离不开对个人本位权利保障的落脚点，背后的身份利益、生命伦理都是值得深入思考的哲学问题。

① 杨立新：《人的冷冻胚胎的法律属性及其继承问题》，《人民司法》2014年第13期。

第二章　宪法确立家庭权的理由

第一节　具备“人性尊严”的人权属性

一、“人性尊严”的意义与内涵

“人性尊严”是人权保障的起点，只有人作为人的基本法律人格得以确立才能更好地保护个体自由。也就是说，个体公民的权利保障出发点在于人的尊严，只有关于人性尊严维护方面达成共识，其自由权、社会权才有实现的可能。致力于维护“人性尊严”的国家和社会才是真正体现“以人为本”的共同体，纯粹的“国家主义”并不是纯粹国家支配行为下的客体导致根本地位及人的主体性遭受破坏的做法，而是“国家主义”指向国家公民的人权保障。

“人性尊严”最初是针对具备统治的权力而产生，“家长权”、国家统治权都对“人性尊严”造成主体及地位的破坏，因此，“人性尊严”成为国家行使权力的最基本的要求，家长制承担的政治功能必然因此而瓦解。在宪政主体的思想下，基于人民主权所创设的宪法，不但要规范与制约国家统治权，也要保障个人在国家统治之下最基本的地位和权利。在这样的理念下，宪法对于“人性尊严”的保障具备禁止国家拥有权利而享有主导地位，进而来侵犯公民个体权利。并且在法治原则下各种保障程序正义的要求也可以对“人性尊严”进行肯定。对于有利于当事人的主张和证据都获得司法机关详实审查的可能性，更重要的是，没有任何一个人可以被迫为不利于自己的情况陈述。其次，宪法保障“人性尊严”的原则实际上还要求民族国家致力于本国公民的尊严与自由不受外来侵害，并保证每一位公民都有尊严地生存和发展。因此，国家所有权利必须尊重“人性尊严”的原则，禁止以刑罚或其它制裁手段来侵害个人应当享有的“人性尊严”保障，也就是禁止统治者（包括间接统治）将每个个体“物化”、“客体化”。所以，以生命个体存在的人都享有符合“人性尊严”的基本生活水平，并据此以国家主张的基本权利，正是家长制及“家长权”瓦解的根本原因。

“人性尊严”保障，不仅是基本权利，同时也是具有指导方针性质的基本价值取向，是对立法者与行政机关行为具有约束力的指导方针。因此，人的尊严可谓是宪法的起点与终点，这种重要特征要求宪法的原则和价值缔造一种有“人性尊严”的客观价值的规范体系。中国与西方的国家性质、政治经济结构不同，但人权保障基本是统一的。同时，由于国家权力指向以及权利确立目标实际上都旨在构建一种比西方个体人权保障更广和更深刻的社会主义模式。同时，这种社会主义模式“以人为本”的起点与目标在于实现“人性尊严”的维护。当公民受外族侵害、衣食住行困难等导致基本的生存空间都无法保障，“人性尊严”便无从谈起。基于此，我国社会主义指导下的宪法保障“人性尊严”的路径同西方又有所差异，但这种差异不代表“人性尊严”的基本普世价值不明显。反而，我国通过不断将世界人权理论与我国社会主义宪法的基本权利体系融合为一体，以便使宪法的基本权利体系更具有包容性和时代性。我国宪法及民法典草案都在表明，基本权利体系的包容性和时代性不断在国内法化，与世界性人权保障文件的最新理念结合起来，这样一来，我国权利保障与世界人权概念不断接轨和融合。

关于“人性尊严”的保障，具体表现在以下几方面：第一，个人作为独立人格的尊严。在宪法保障领域，首先在基本法律资格上要承认每位公民独立、平等的人格地位。当公民权利遭受公权力或第三方侵害时，公民不仅可以寻求救济，还可以通过多种方式维护独立人格。在行政程序上，人格尊严的保障要求公民不得单独作为行政程序的客体，而应该使公民有共同参与的权利，对于不利于公民的行政行为在作为之前，原则上应该给予正当程序的机会，行政程序透明化、行政行为规范化等。第二，对于一切专属性事务都要尊重公民个体的自主权，“人性尊严”的要求实质上属于一种自由和发展的前提，公民可以对所有物自由支配，对个人权益发展从形式上和实质上实现自我意志。第三，针对私人生活领域的尊重。维持具有“人性尊严”的生活。从“人性尊严”的尊重与保护的要求，可以看出每位公民都享有过一种具备人格尊严的生活权利，在整个私人生活中生命、健康、选择、生活条件都涉及人格尊严，从这个角度来说必须提出生活权保障。以目前人类社会模式来看，家庭是私人生活领域最主要的空间形式，这种空间形式相比社会来说是小概念的社会共同体。之所以产生这种聚合模式，主要在于公民很多权益的实现方式需要借助家庭，以家庭形成平台和保护空间，通过家庭成员独特的权利义务来实现公民个体的权利，整个呈现出“个体 – 家庭 – 个体”的逻辑方式。据此，保障个体的“人性尊严”离不开对“家庭尊严”的保障，所以私人生活领域离不开对家庭权的保护，包括住所免受他人干涉、免受他人搜集、家庭隐私免受侵犯等等。第四，个人自由权。自由权是宪法上“人性尊严”的具体表现之一，也是以个人为目的的意思自治，并不是被他人操控的他治或他决，古代家长制对个人自治权是灾难，妇女、子女实际上是受家长的治理，因而失去独立人格。对于“人性尊严”的尊重，基本上是要求不把人看作是一种工具或者手段。因而自治权成为宪法上“人性尊严”的核心内涵，在基本权利范围每个人的自治权应该得到充分保障和尊重，在每项权利中基本都含有自由因素，

“人性尊严”是高度概括化概念。其以公民个体为基础，而并非群体的尊严，且不应作为国家保障义务的客体。强调个体尊严并非排斥国家、

社会对个人的义务，而在于社会主义国家强调社会本位，国家和社会要为公民实现个体自由权创造一个保护空间，基本的安全、生活条件是必须提供的物质，这种国家供应也应纳入“人性尊严”的范围。因此，个人本位的“人性尊严”属于人权的起点与保障的最后一道防线，所以不容侵犯或让其丧失。

二、“人性尊严”的宪法化

（一）宪法决定“人”的基本立场与价值决定

1948 年 12 月 10 日所制定的《世界人权宣言》明确宣示人具有尊严保障的价值，其第一条规定“人人生而自由，在尊严和权利上一律平等”，并且赋予每位公民享有社会保障的权利。本文认为，这种社会保障要依照社会经济水平所决定，需要视国家以及整个人类组织通力合作的情况而定，在不同的历史条件下个人尊严及自由发展的要求不一样。具体到宪法规范领域，如德国《基本法》第一条第一款就旨在保障人的尊严。我国宪法上没有对保障“人性尊严”进行明文规定，第十三条规定“国家尊重和保障人权”。加入认同条款意味着我国宪法开始对“人”的立场与价值充分的肯定，因此解释上应该把我国宪法作为前提。同时我国宪法第一条首先确立人民民主专政的社会主义国家概念，并且紧接着第二条规定人民拥有一切国家权力。宪法最根本的两个条款可以得出我国注重人的本位，不仅强调单个公民，而且注重集体式的人民，整个国家都以人的主导因素来构建，必然涵盖着国家义务是保障每位国民的“人性尊严”。

现代宪法对“人性尊严”的维护是基本立场，肯定“人性尊严”意味着基本权利的起点，既然自由、平等观念下人人平等，那么基于起点的人格尊严必须在每个人身上体现。按我国的立宪过程及思路，我国将“人性尊严”条款置于整个社会主义原则之中，定位于基本人权之外，在于摆脱资本主义狭隘的单一人权模式。同时，我国在人权保障方面与国际通行做法接轨，即“人性尊严”有赖于对基本权利的概括与具体化，对于一般体例下的基本权利的功能，则由“人性尊严”的条款来保底。[①] 按基本权利的体例将人权保障的概括性条款进行承接和具体化，因此才有了保障家庭等基本权利内容。总的来说，人性尊严发展的必要条件是经济的、社会的、文化的权利必须得到国家和社会的充分保护，而家庭权蕴含着丰富的经济、社会及文化方面的基本权利，也就是人格尊严也应充分体现在家庭权保障中。

（二）“人性尊严”与权利化宪法

“人性尊严”作为人权的起点，最初萌芽或起源可能来自宗教、道德、哲学理念，但从政治与社会制度层面要逐渐演化成政治与法律的用语。宪政理论秉承“人性尊严”的价值取向，“在确认一种人权起点的基本价值定位后，则采取一种道德客观主义或现实主义，实现条件在于‘人的尊严’确认。”[②] 从这个角度，在法律制度与“人性尊严”的基础上，必须采取人权为起点的构建，作为个体存在的生命体不管生理及社会贡献如何，都应具备基本的法律人格，包括未出生的胎儿及生命不存在的死者，其具备的人格一直存在并应得到尊重。“人性尊严”作为人类认识观发展的产物。在人权维护的价值观和认识观下，人的尊严是每个人应当享有的权利，并且优先于任何国家法律的创设，也就是说法律原则及规则的确定必须按照“人性尊严”的逻辑起点。[③] 两次世界大战之后，人类世界鉴于战争对人性的藐视与残害，开始对“人性尊严”进行反思与顾虑，于是在

---

① 李震山：《“人性尊严”与人权保障》，元照出版社，2000 年，第 20 页。

② ［美］沃尔特 .E. 莫菲：“宪法、宪政与民主”，信春鹰译，载宪法比较研究课题组编译：《宪法比较研究文集》，山东人民出版社，1993 年版，第 10 页。

③ ［德］乔治 . 恩德勒等主编：《经济伦理学大辞典》，王淼洋等译，上海人民出版社，2001 年版，第 324 页。

制定法中开始加入“人性尊严”的条款。于是,《联合国宪章》和《世界人权宣言》都在前言中强调对人格尊严的保障，进而强调对家庭尊严的承认。这些国际性公约的意义在于从世界范围内确认作为人的尊严为人权起点的价值体系，同样这种尊严在全部家庭成员中也具备，基本的诉求超越其它任何价值。到了国家法层面，德国基本法第一条就明示“人的尊严”是宪法所要缔造的价值秩序，这种根本法取向表明一种最高原则。这条基本法地位确立了人的基本形成与国家立场，人作为独立的生命个体从社会意义来说并不是一个孤立的、能从历史局限性中摆脱出来的个体，也就是家庭存在的原因之一，但生命个体并非完全是现代“群众”中的依据丧失个体权利本质的分子。个人更多地应该被理解为拥有“人性尊严”的具备社会属性的人，一方面个人具备着不能让渡的属于“人性尊严”范畴的价值，能够自由地独立发展人格；另一方面，自然人必然在社会属性中占据一定因素，作为社会中的一员，必然在家庭、教会或社团中生产，并在这些关系中更好地下沉具体的个体权利发展，“每个自然人也将负有将自己与他人共同生活并以责任的姿态来展现自然和社会属性的义务。”① 可以说，德国基本法从“人性尊严”出发缔造了立宪模式下完整的人的形象，是让人行使多种权利的前提，据此所建构的国家生活秩序正建立在这一基础上，于是有了家庭权利体系。总之，宪法化的“人性尊严”让人的价值与基本权利体系建构具备了基本出发点。后来，瑞典、日本、西班牙等国家均通过宪法将“人性尊严”作为基本权利建构的起点，例如日本宪法第十三条强调个人地位及尊严，其二十四条规定结婚、离婚、继承、住宅选择等事项应立足于个人尊严及两性平等。我国宪法虽然没有明确以“人的尊严”为权利体系构建的基础，但作为社会主义国家更加强调人本主义和人道主义，强调人的尊严毋庸置疑，因此，“人性尊严”也是我国宪法上

① ［德］康拉德．黑塞:《联邦德国宪法纲要》，李辉译，商务印书馆，2007年版，第95–97页。

公民权利体系的基础，家庭权正体现人在私生活领域为实现主体性与自主选择的价值面向。①

第二节　家庭功能的维护

一、社会进程与家庭变化

（一）社会发展导致家庭结构变化

家庭作为社会最基本的组织或单元，从来没有独立于社会变迁，家庭功能随着历史变迁发生重大变化，尤其自工业革命以来，近三个世纪以来的工业化、城市化及现代化进程让家庭发生巨大而深刻的变革，甚至在西方现代家庭的构建让传统婚姻式家庭不断衰落，再婚家庭、单亲家庭、同性恋占据重大比例导致家庭结构发生重大变化。自19世纪以来，受西方国家影响，权利本位论的家庭观开始传入中国并带来家庭结构变革，原本那种超稳固的家长制度受到极大的撼动，随着国家和社会快速转型，使家庭结构、关系及功能发生巨大转变。然而，家庭作为“私域”的基本功能无法改变，也是公民最为关心的民生问题，直接关系到家庭成员的成长、幸福及福利，家庭作为共同体提供的权利保障，同时作为个体与社会的连接点，个体权利保障是最终落脚点。近代以来，现代化进程导致家庭规模和关联性都降低，传统模式下的家庭将被独立的、现代的家庭模式所替代，家庭结构不断趋同。②在世界范围内，家庭产生这些变化主要在于现代国家的变化，公共教育的扩展、婚育思潮的变化、地域与职业流动化，加之城市化进程，所有因素综合在一起对家庭改变形成合力。首先，就城市化来说，城市化与现代文明建设大大增加了公民的非农就业机会，

---

① 王琼雯：《家庭权初论》，苏州大学博士论文，2013年。

② 杨菊华、何炤华：《社会转型过程中家庭的变迁与延续》，《人口研究》2014年第2期。

工业、商业、服务业、零售业的崛起和发达，也为女性提供了更多就业机会，使其不断摆脱家庭的依附关系。在“家长权”时代，女性在家庭中只起辅助性作用，所以家长制下女性依附家长的现象非常明显，这决定了男尊女卑的性别权力构架。随着社会上适合女性的职业不断增多，让她们成为了重要劳动力，尤其是上世纪五十年代以后，第三产业兴起几乎使所有家庭妇女都能走出家门从事劳动，经济能力的变化导致妇女的地位大幅度提升，传统的家庭分工改变，导致家庭结构发生变化，甚至在婚姻家庭方面都产生巨大变化。因此，“家长权”消亡可能是人类历史上最大的家庭变化。其次，公共教育不断扩张导致家庭结构受影响。全民素养的提高与受教育权密不可分，因此公共教育是现代国家的重要义务，要着力于教育权与受教育权的保障。在家庭结构中，教育的对象主要是子女，具体表现在父母的教育义务与子女的受教育权，公共教育使家庭子女的受教育权不断得到保障与完善，导致越来越多的子女离家求学，子女求学必然导致工作、婚嫁方面带来的距离，这种距离不断侵蚀大家庭的模式。因此，现代教育的发展导致家长对子女的教育与控制不断削弱，这也是家长制消亡的重要原因之一。再次，国家不断完善公共服务与公共福利制度对家庭组织产生巨大冲击。城市化一直都伴随着国家公共服务与福利制度的完善，在传统农业社会条件下，家庭作为综合作用体，家庭功能涵盖生产到消费所有过程。在生产上，家庭（家长）负责组织以家庭为单位的生产经营行为，使家庭成员在家长的安排下各司其职，以满足家庭各方面的需求，进而进行物质、人口及文化方面的再生产。现代社会条件下，社会分工不断精细，女性进入社会大生产要求公共服务与服务不断提升，这就要求国家建立社会化的养老、医疗卫生、教育、保育等方面的事业，相关社会保障制度因此不断建立。在劳动产品及消费方面，家庭突破自给自足，可通过社会交换（购买服务）来实现。这些变化无疑极大地改变了家庭生产及生活方面，对家庭内部及外部权力（利）结构产生巨大冲击。最后，近代以来，科学技术发展为传统家庭制度分解提供了可能性与必要条件，尤其是生育技术的发展，导致“爱情、性爱、生育、抚养、扶养”密不可分的情况发生根本变化。在科学技术落后时代，人类生育、抚养、扶养大多在家庭内部解决，多是听天由命，难以通过社会的、国家的方式解决。这种情况下，结婚的任务是生育的功能实现，所有成家立业都必须以生育为中心，包括所有的道德规范都来限定夫妻之间的性义务，直接联系到对子女的一种责任，导致家庭功能异常稳定。尤其是生育技术进步对家庭变革产生实质性影响：一是避孕技术导致性爱与生育的分离，人们可以采取优生优育的计划生育措施；二是人工受孕和试管婴儿技术进一步使生育与婚姻可以分开。这些虽然都无法动摇家庭基础，但对传统家庭功能无疑具有替代性。另外，物质生活的不断提高使家庭精神生活追求更加高质量的自由与空间，导致传统大家庭居住模式不断削减，小家庭模式不断确立并被普遍接受。①

（二）家庭功能的转变

1. 家庭结构变迁是家庭功能转变的前提

按基本类型划分，家庭作为社会组成的基本单元，可基于婚姻、血缘及法律创设而形成。在人类社会从低到高的阶段进化过程中，婚姻与家庭制度呈现不同的功能与特征。从原始社会后期的夫妻制家庭形态开始，人类的家庭形式呈现出一种变化的过程，但真正到了农业经济时代，因为农耕文明下的小农经济发展缓慢导致家长制的家庭结构很长时间内相对稳定，并且家长制也在漫漫历史长河中有一定的变化，只是没有发生实质性变革而已。家庭变化意味着家庭结构、家庭关系、家庭功能与家庭价值理论发生根本变化。其中，家庭结构作为家庭组织的基础，包括家庭规模（即家庭人口要素）及家庭模式（即家庭成员之间的关系而形成的模式），

---

① 杨菊华、何炤华：《社会转型过程中家庭的变迁与延续》，《人口研究》2014年第2期。

当传统家庭结构发生变化之后，必然伴随着家庭功能的变化。家庭模式主要针对家庭内部的结构形式划分，现代大致有单身、主干、核心及联合家庭四种，主干及联合家庭统称扩展家庭。[①]家长制下的家庭就包括扩展家庭。现在国际上对家庭结构的研究主要有两种观点：其一，认为随着社会经济结构的变化，家庭结构的形态也随之出现变迁，因此使得家庭的概念开始从扩展型家庭转向核心家庭，即多代同堂、众多直系与旁系亲属的大家庭开始转向直系亲属的小家庭，形成一种主干家庭；其二，认为自家庭产生以来，由于受经济发展水平制约，联合大家庭大多只是主观的意愿，根本不能成为家庭的主流模式，那么自古至今两代人的家庭从来都是主流家庭形态。本文认为，家长制下呈现的是一种扩展家庭，家庭权力模式辐射是家族式的，很多涉及旁系三代甚至四代，中国家庭观里存在多子多福价值观，这种观念下家庭结构必然以大家庭为主。只要物质条件许可，家庭尽可能追求三世、四世，甚至五世同堂。随着现代社会的发展（尤其是改革开放30多年以来），随着社会转型、经济发展、西方影响与生育政策的实施，传统家庭结构已经发生巨大变化。因此，必然引发家庭功能的变化。

2. 家庭功能流变

家庭结构变迁是家庭功能流变的基础。家庭结构在表现特征方面有清晰的内涵外延，家庭功能需要富有学理性的分析，虽然不可否认功能变迁具备客观性，但随着边界的难以确定导致家庭功能的判断难免主观。尤其家长制下家庭承担大量的政治、经济、教育、管理、文化等多方面的功能，也构成家庭正常运行的基础。近代以来，政治经济发展、社会转型及家庭结构的变化一定程度上改变了传统家庭功能的存在方式。近代权利本位发展，政治、经济、文化、教育的功能发生巨大变化，这些功能的执行

① 杨菊华、何炤华：《社会转型过程中家庭的变迁与延续》，《人口研究》2014年第2期。

主体、方式、重心都发生转移，导致家庭功能出现太多新的元素。如政治功能的国家化、经济功能的社会化、文化与教育功能的国家与社会化。总之，家庭功能的表征出现外化、强化、调试及弱化的变化。具体表现如下：

（1）家庭功能的社会化

近代以来，工业化与现代化的文明发展，国家与社会公共服务业的发展，很大程度上承担了部分家庭功能，或者说原本由家庭承担的功能现在由家庭与公共共同承担。如，教育有公共教育，可以替代传统家庭教育的大部分功能；生产功能被工作单位代替；赡养功能有敬老院或养老院，甚至情感寄托功能也被社会服务组织取代或分散。总之，家庭承担的功能不断减少，家庭高度统一性与集中性功能不断瓦解。尤其是社会化大生产完全替代了家庭经济功能，这样家庭都不再成为独立的生产单位，只是完整的消费单位。

（2）生养功能的异化

家庭承担最基本的功能是生育功能，生育与繁衍本质上作为一种再生产行为，也是天性使然，就社会性来说，生育功能也会受到公共制度的限制，生育问题不仅仅只是家庭问题，最终成为社会和国家问题。西方自工业革命以来，家庭子女的数量多来自家庭行为，社会转型导致原有的家庭生育观产生巨大变化。但在中国，家庭生育受到极大的国家引导与干预，国家计划生育成为基本国策就是最主要体现。中西方相同之处在于家庭都承担着子女抚养义务，并且通常由父母双方完成，任何一方缺位都会对子女成长带来不利影响。但现代社会的单亲家庭、再婚家庭愈发普遍，原生家庭的缺失或破坏对固有的抚养功能带来不利影响。

（3）家庭教育功能大大弱化

家庭不仅要给子女提供抚养功能，还要给子女提供教育功能。家长制下存在教育权和惩戒权，中国历来非常重视家庭教育，“孟母三迁”就是典型例子，但当公共教育社会化后，家庭教育功能不断弱化。公共教育将传授基本文字、知识及部分技能从家庭教育功能分离出来，也导致家庭生活方式发生巨大变化，家庭教育功能的发挥主要通过“第二课堂”与教化完成，家庭要教导子女一定的社会角色适应与行为规范，尤其对一个人成长过程必须具备的社会价值观作指导，只有这样才能更好地遵守社会一定的行为规范与道德准则，才能更好地具备社会属性。家长制下代际之间发生的最初互动关系可视为对社会规范的指引，亲代的言行举止成为子女隐性的教育，同时，家庭是子女社会化的首要场所，为子女以后社会角色的扮演提供启蒙，但是现代家庭结构及关系的简化，导致这种隐形的教育功能作用越来越小，使子女体会到更少的家庭角色。就教化来说，家庭始终是子女社会化的第一场所，亲代也是子女最早、最重要的社会化老师，家庭教育可以给子女最基本的社会生存及适应能力，但随着社会变化，家庭社会化教化也发生巨大变化，因为基本生活技能的需求随着多样社会变化不断增多，家庭的社会教化变得更加重要且无法替代，但公共教育过于注重书本知识导致家庭过多关注对子女接受书本知识的辅助，致使子女丧失了很多社会学习与实践机会，直接造成社会生产与适用能力的弱化。

（4）赡养功能不断弱化

自古以来，养老是家庭的一项重大任务，年老父母寄希望于下一代家庭成员的赡养，因为血缘和社会关系，家庭对年老父母提供经济支持、生活辅助及精神慰藉。这种家庭养老模式具备自然和社会属性，在世界范围内普遍存在，但随着国家和社会的进步，社会保障制度的完善替代了部分家庭养老功能。同样，我国作为后发型社会，家庭养老依然占据非常大的比例，家庭结构变迁直接导致家庭养老功能的弱化，但同时国家和社会保障制度不完善依然需要家庭承担不少的养老功能。

二、家庭功能需要保护

虽然家庭功能随着家庭结构的变化发生变化，但按自然规律与人权理论，加之现有的社会生产力水平，诸多家庭功能无法随着时代潮流而消失，也就是所谓家庭存在的基础和原因。如果国家和社会生产力高度发达，到达马克思认为的按需分配阶级，家庭基本功能解体具备现实基础，如抚养和赡养、教育全部由社会负担，家庭不再需要教育、抚养和赡养方面的权利义务。我国目前正处于社会主义初级阶段，社会结构转型具有继续转折性，家庭仍然是个人与社会、个人与国家最重要的纽带和共同体，其拥有的基本功能仍然无法被社会及国家完全消解，因此宪法要确立家庭权受国家保护。从我国长期处于社会主义初级阶段的现实来看，家庭权要持续地受宪法保护，也就是维持本属于家庭拥有的功能。纵观历史与现实，现代家庭功能起码包括以下方面：

（一）生育功能

生育功能是家庭绝对不能绕开的话题，从古至今，家庭作为生育单位的性质不可能改变，家庭生育模式具备天然性和优越性，任何生育模式都无法替代这种模式的优越性。从生殖意义来说，生育是人类繁衍后代、延续人类种族的自然属性，整个生育过程体现自然法则。同时，生育也是一种社会现象，生物因素只给人的繁衍后代提供了可能，但在具有社会属性中的人类群体中，要将生育变为现实，还要受人所处的社会经济环境因素的制约。虽然其它动物与人在生育方面的生物技能类似，但因为生育的社会属性导致二者在生育上具有本质差异。马克思主义哲学认为，意识是具有目的性及计划性的人类主观意思。这种意识决定人类生育行为具备主观性，因此生育要受人类自身具备变动性的生育需求影响。生育功能是家庭功能最基本的属性，不可能随着时代发生改变。因此，公民没有生存权就没有其他权利。[1]人类自身要发展首先是生命延续，生育是在满足生理的基础上人类延续的保障，这样，生育作为个体生命延续需求与利益，成为人的基本权利。[2]现在生育权作为人权已成为普世概念，人权要求中就提到父母对生育的大部分选择都涉及人权，如家庭中夫妻双方对生育时间及数目具备选择权利，但夫妻选择生育的同时，必须对生育行为负责。同时，生育行为对文明的人类社会来说是一种社会活动，不是自然随意不受社会性限制的行为，应该反映特殊生育主体的利益诉求。何为特殊生育主体，人类从原始社会后开始采取婚姻家庭模式行使生育行为，家庭伦理及家庭模式使生育行为具备了社会属性，因此生育获得成为家庭产生最基本的利益诉求。到目前为止，任何科学技术的生育都不能体现人类种族几千年来构建的社会性，家庭模式的生育行为不仅仅体现一种行为，而是家庭的共同体能为生育对象提供更好的生产及成长的空间，儿童离不开父爱和母爱的共同关注，任何一方的偏颇对儿童身心健康都极为不利。虽然现代科技远可以实现自由繁殖功能，但无法突破人文社会性的界限，家庭依然是人类发挥生育功能最理想的场所。另一方面，家庭体现人类性行为方面的社会属性，夫妻伦理道德使人类性自由得以限制，因为家庭的束缚可以区别于动物的滥交与乱生育。

（二）保障功能

家庭保障功能的实现依赖于代际关系之间形成权利与义务，强调父母对未成年子女的抚养、教育等来实现未成年的成长和成熟，而当父母面临老病死的情况时，子女则负有赡养的义务。人类天然具有群居性，家庭是实现保障的主要载体，基于血缘和情感的维系，家庭内部成员之间在物质和情感方面进行资源转移和交换，并且将这种保障功能扩大到血缘和亲缘

---

① 李步云主编：《人权法学》，高等教育出版社，2005年第1版，第118页。

② 陈明立等著：《人口法制论》，中国人口出版社，2010年第1版，第56页。

构成的家庭网络中。家庭的保障功能不仅停留在物质保障和经济供养上，还包括情感的保障、娱乐生活的保障等等。家庭的情感交流是家庭幸福的基础，而家庭成员共同的娱乐和闲暇生活，也是促使家庭成员更为有效地投入社会生产和生活的重要途径。进入到现代社会之后，家庭的保障功能随着社会发展出现了很大的变化。随着人口老龄化、家庭规模小型化、人口流动加剧等，家庭抵御社会风险的能力逐渐下降，一部分保障功能开始由国家进行分担。现代社会福利制度的发展历程，表明了国家对家庭干预的广度和深度。家庭不仅是基于两性关系、亲属关系等建立的一种社会单元，也是社会结构的重要组成部分，在劳动力储备、财产传递、社会控制等方面都发挥重要作用。然而，家庭功能不是固定不变的。在人类历史的早期阶段，家庭不仅具备生产、生活的基本功能，而且具有一定的政治性。随着社会发展，家庭的自然功能逐渐占据主导。一些家庭功能，如教育、政治、保障等逐渐让渡给社会化机构和政府相关部分。在实现家庭的经济、教育、生育、保障等功能的过程中，成年人相对于儿童更具有重要性和主动性，不仅表现为成年父母通过劳动等获得经济收入和资源，也表现为成年父母在儿童成长过程中的引导、教化和支持。然而，这种模式并非是单向的，儿童在实现家庭功能的过程中同样起到重要的作用。以情感的保障为例，成年人在家庭生活中不仅仅是情感支持的提供者，他们从养育子女的过程中体验到的幸福感、价值感、成就感等同样对于成年人具有不可替代的重要意义。

1. 抚养功能

对于未成年人的抚养，正如大多数学者所言，属于广义的抚养范畴主要指的是长辈对晚辈抚养，但区别于狭义的抚养，未成年人抚养又有其特点。

就抚养的主体而言，抚养的一方必然是未成年人，抚养主体的另一方是与该未成年人具有特定亲属关系的人。亲属身份是抚养的前提，也是发生抚养的法律事实，抚养关系则是亲属关系的法律后果或法律效果。抚养的权利义务虽然是以财产给付为内容的，但是以亲属身份关系为前提的财产给付具有人身专属性。因而，抚养区别于社会公养和社会扶助。

就未成年人抚养发生前提而言，一方面未成年人有抚养的必要，另一方面抚养义务主体即亲属必须有一定的抚养余力。抚养虽然发生在一定范围内的亲属之间，但请求抚养之人必须为不能维持生活的未成年人，又基于与未成年人的亲属关系的亲疏远近不同，现代国家将抚养义务分为生活保持义务和生活扶助义务（对于二者的具体内涵，下文将详细叙述）。因而，抚养又区别于一般道德上的救困扶危。就抚养的内容而言，对未成年人抚养不仅包括物质方面提供养育，更包括生活上的安慰和关心。虽然说生活上的安慰和关心出于道德，与人类的道德水平密切相关，但是对于未成年人而言，从生活上、精神上给予关心和安慰则具有非常重要的意义。人最本质的属性是社会性，正如马克思所言："人的本质不是单个人所固有的抽象物，在其现实性上，它是一切社会关系的总和。"[①]因而，一个新的生命要生存并成长下去，即从一个自然的人成为一个社会的人，就必须借助于他人的教导、培育、监管和保护。因而，抚养体系对于一个人的启蒙、教育、培养和发展起到决定性的作用。综上分析，我们认为可以把未成年人抚养的法律概念界定如下：未成年人抚养是一定范围内的亲属对未成年人在经济上的供养和生活上的照顾。

第一，生活保持。所谓生活保持义务是指发生在父母与未成年子女之间的，为了维系家庭共同生活而由法律强制规定的无条件的抚养义务，这种抚养义务是父母与未成年子女之间的身份关系在本质上所不可或缺的要素。具体而言，父母以其子女的生活作为自己生活的一部分而维持，其抚养的程度与自己的生活程度相当，相互负有共生存的义务。在这种抚养义

① 《马克思恩格斯选集》，人民出版社，1995年版，第60页。

务下，即使可能牺牲与自己地位相当的生活水平，也必须予以维持，所以这种义务又可称之为“共生义务”。”由此可见，这种义务是无条件的，可以说是利他主义的最好体现，是所谓的“即使是最后一片肉，一粒米也要分而食之的义务”。①

第二，生活扶助。所谓生活扶助是指除父母对未成年子女外，还包括其他法定的亲属对未成年人的抚养义务。这种抚养并非是为维持共同生活所必须的，而是一种偶然的、例外的、相对的抚养，是在保持与抚养义务人地位相当的生活水平下，对未成年人提供的一种法律创设的帮助，以达到完全成为人的目的。

2. 家庭赡养功能的维护

从人类本质来看，赡养是家庭不能回避的议题。②在长期的家长制时代，家庭内在表现出养老功能，孝道成为家训和社会美德，礼法规范要求晚辈对直系血亲负有赡养义务，若直系晚辈不完成这种义务，便背上礼法与律法上双重的责任。中华大地几千年来都推崇“家庭养老”，“育儿防老”的观念贯穿整个生育到养老过程。我国新中国成立至改革开放时期，虽然家庭法律主体不存在，但家庭赡养仍是社会主导的养老模式，这个时期由于人口大幅增长，家庭生育子女数量普遍较多，家庭养老模式从传统的“共居式”家庭养老逐渐转变为“分居式”的方式，父母与子女分家成为普遍现象，但子女都应共同承担父母的赡养义务。改革开放以后，尤其是社会主义市场经济及计划生育不断深入发展，到目前为止，家庭养老虽然仍然是社会主流，但随着家庭模式小型化和社会保障推动导致“分居式”家庭养老又发生巨大变化。首先，子女的流动性导致这种“分居式”更加明显，尤其“空巢家庭”导致子女对父母的关照与关怀变少，家庭养老功能在弱化；其次，社会保障不断确立以及社会福利机构的存在，导致

① 杨大文主编：《亲属法》（第三版），法律出版社，2003 年版，第 284 页。

② 参见刘灵芝：《论公民养老权的权利属性》，《河北法学》2008 年第 12 期。

“家庭养老”不断社会化。由于这种社会化大部分只是替代子女日常生活的照顾，物质支持仍属于子女的义务，这种养老实际上是减少家庭养老的繁琐，也可以视为“家庭养老”弱化的表现。由于现阶段中国已经进入老龄化时代，中国人口步入老龄结构。据国家老龄办2017年发布的《2016年度中国老龄事业发展统计公报》数据，60岁以上老人数量达到1.7765亿，所占总人口比例为13. 26%，超过10个百分点意味着我国进入老龄社会。首先，鉴于我国正处于社会主义初阶级段，社会发展水平的限制导致“社会养老”不能完全替代“家庭养老”，因此，在相当长的时间内，家庭养老功能只能强化，不能弱化；其次，从养老的文化来说，家庭养老呈现出人类基于血缘情感的寄托，具备超优越性与归属感。广大社会家庭，尤其是中国广大农村依然被“养育”产生的“反馈式”养老所支配，以血缘为纽带家庭养老缔造出物质、精神及生活三方面的供应，更符合老年人的特点；最后，家庭养老依然符合中国人的生命价值观，几代同堂是家庭及人生追求。现代中国社会“夫妇养四老”的现象变成常态。①

综上所述，“家庭养老”功能依然需要在现代维持。虽然家庭子女在生活上或者说距离上远离年老父母，但不能因为社会化养老来减少或取消子女的赡养义务，尤其针对父母的精神及生活照顾义务。至此，本文认为无论国家和社会发展水平发展到何种高度，养老方式如何社会化，对家庭成员来说，尤其子女对父母的养老义务都不可以消失，这种养老功能在精神上不具备替代性。

（三）教育功能

家庭教育主要是指家庭对未成年子女的一种培养，是父母或其他成年的家庭成员针对未成年子女身心特点，有目的性地指导和教化的过程。一

① 许建苏：《养老机构法律调控问题研究》，《河北法学》2005第7期。

般教育学上有显性与隐性教育之分，虽然家庭中父母等人的隐性教育至关重要，但本文认为的教育是有目的性的显性教育，通过言传身教对子女产生引导以使子女发生预期变化。①家庭具备的教育功能十分重要，未成年子女在身心未达到成年人标准的情况下，家庭教育是基于无偿的培育，属于自然天性范畴。未成年子女从婴儿、儿童到少年，每个阶段都需要来自家庭无微不至的关怀和人文教育，父母是子女最大的启蒙老师。在家庭教育过程中，教育实施与反馈同时进行，也就是家庭教育的特点在于以互动和实例来开展教育活动。家庭中，父母在按照目标开展教育活动时，也可以看成是受教育客体的未成年子女获得的机会，因为这种教育活动是不定时的。在现代社会条件下，家庭教育功能不断体现出互动性。本文认为家庭教育不会上升到法律义务层面，一方面这种教育的特征决定其上升到法律规范的不可能；另一方面这种教育义务无需上升到法律义务，这种自然性是任何后天变化都无法磨灭的。因此可以说，教育功能是家庭内部产生的一种不定时的固定的基本功能，正因为这种功能将纯粹生物意义上的人最先开始向社会意义的人转变。正如有的教学学者所言："家庭教育功能在于带领子女朝向社会化发展，这是一种家庭使命，但也是天性，家庭存在的最大意义之一在于此。"②从这个角度来看，从父母生育子女开始直到其完全成为社会人，家庭言行、技能、习惯都可能对子女的社会化带来灌输作用。在培育社会意义上的人的过程中，在不同社会历史中，其目标、内容、方式、特征、形式等有所差异，但社会化的目标大致相当。围绕人的社会化这一家庭教育功能的基本目标，不同家庭在实现教育功能时，往往具有一定的差异性，即不同家庭展开的教育内容及形式都具备个体差异，如技能、生活方式、素养、思维、智力等培育的方向不一，导致这种功能发挥具备很大不同。

---

① 孙俊三等主编：《家庭教育学基础》，教育科学出版社，1991年版，第1页。

② 吴铎、张人杰：《教育与社会》，中国科学技术出版社，1991年版，第218页。

教育功能之所以是家庭永恒的功能，这与家庭不同于其他社会组织的人际关系的特殊性也有关。这是因为：首先家庭是一个初级的社会群体。家庭具有初级社会群体的一些特征："如家庭成员在家庭生活中具备不同类别的特征，不同的家庭成员对家庭的作用力和影响力都不相同，但家庭互动是在家庭内部，这种面对面的、实践性的、有意识或无意识的教育都受到主观因素制约。"①这种直接的、以隐性为主发挥的教育对未成年子女的社会化具备重要价值。家庭成员之间的互动在时间和空间上都最为便捷和频繁，日常生活的细节都可能产生隐性的教育，并且家庭共同体在利益上具备一致性，所以这种教育方式是持久的。总的来看，家庭作为人出生之后的聚合体，血缘为基础的聚合功能造就教育上的自然性，并且效果非常显著。由于家庭血缘、婚姻及利益关联导致家庭教育功能随时可能发生。就社会性来说，家庭作为社会单元，家庭教育主体与客体之间也属于一种社会关系。因此，宪法和法律都普遍认可家庭父母的教育义务，我国宪法第四十九条及《婚姻法》《未成年人保护法》和《预防未成年人犯罪法》等都确立了相关条款。总的说来，家庭教育与其它教育形式相比具备独特价值。本文认为，不管社会如何变迁，家庭教育的特殊性导致家庭教育的不可磨灭性，但随着社会进步与观念变化，家庭教育功能的加强应适应变化，就目前时代特征来说，家庭教育功能要跟随注重个体发展的要求，以适应现代社会的观念和目的。

（四）经济功能

在人类农耕文明时代，家庭一直是重要的生产单位，聚集劳动力并使用土地等生产资料进行劳作，从生产到消费整个过程家庭充当非常重要的主体。我国古代，家庭成为经济主体更甚，从几千年来的小农经济来看，

① 张文霞，朱冬亮：《家庭社会工作》，社会科学文献出版社，2008年版，第13页。

通过一家一户的方式进行自给自足生产，家庭成为独立的生产者和管理者，而家庭成员则完全从属于家庭。[①]因此，在中国古代，家庭承担着巨大的经济功能。随着人类工业革命的巨大发展，社会化大生产手段替代了自然经济模式，自然导致家庭经济功能大大削弱，家庭不再是社会主流的生产单位，但这种变革并没有完全导致家庭经济功能消失。因为部分家庭在农业、手工业等领域依然具备生产单位的作用，家庭依然是重要的消费单位。按经济学分析，现代经济中家庭收入、消费及投资是不可忽视的经济行为。从理论和实际上来说，家庭可以向市场提供各种生产要素并形成消费。家庭可以对家庭收入提供自行消费和投资，实际家庭经济行为便产生一种经济功能。这种功能之于家庭来说是家庭存在和持续的保障；对社会来说，家庭经济也是社会的经济行为方式，成为社会不可获取的一种类型。就我国的情况来说，改革始于农村经济结构变革，进入城市则从 1985 年开始，但都涉及家庭经济结构变化。在农村建立以家庭为基础的承包责任制，让家庭成为农村经济形态中重要的主体。据此，农村种植户、养殖户、经营户让农村家庭经济呈现多样化。同时，城市个体工商户、家庭经营户的确立让家庭经济主体行为显现无疑。这种回归家庭的改革的最终落脚点是依靠家庭经济功能，关系着家庭幸福。因此，家庭经济功能必然要维护与变革。

（五）情爱功能

1. 性爱满足

人类之性，从自然属性上讲，它是生命的一种存在形式，表现为生命的一种属性。然而人类之性区别于其他生物之性的本质不是生物属性，而是社会属性，即：人类基于对自然之性的调整与规制所产生的各种性文化。无疑，婚姻制度是性文化最重大的成果之一，是人类探索对自然之性

---

① 夏勇：《人权概念起源：权利的历史哲学》（修订版），中国政法大学出版社，2001 年版，第 190 页。

进行调整与规制的最文明、最伟大的成果。一定程度上，我们完全可以这样说：性文化的发展到此为止，其核心文化就是婚姻文化。不管是韦斯特马克的《人类婚姻史》，还是恩格斯的《家庭、私有制与国家的起源》，无不都是从人类性关系以及由此关系而生的生育问题为起点揭示与解释婚姻的起源与嬗变。这样，婚姻制度作为对人类性关系以及相关生育问题的文明规制而凝练出的伟大成果，也就自然成为调整人类性关系以及由此而产生的生育问题的最主要、最根本的制度。可见，婚姻制度起源于性的调整与规制，而性的调整与规制又主要依赖于婚姻制度。所以，有人认为，婚姻是指固定化的性结合单位。这就是婚姻与性的关联所在，也是婚姻与性的基本关系。因此，性爱功能是家庭不可忽视的功能。

2. 感情陪伴及休息娱乐功能

当社会经济文化水平不断进化时，家庭的需求和层次将不再局限于生存要求的水平，而需要享受、娱乐、精神等更高层次的功能实现。在农耕文明时代，家庭以家长制为特征，但家庭缔造的感情及休息娱乐功能依然存在，“三世同堂”“天伦之乐”很大程度上是精神层面的满足。家庭是人类社会生活的基本单位，是人栖息的场所，又是娱乐的共同体。从这个意义来讲，家庭是构造温馨和幸福的场所，国家和社会政策导向要致力于幸福家庭的缔造。除了客观因素，如经济、社会保障、医疗卫生条件，家庭成员健康状况等，家庭幸福的主观角度主要是情爱功能的达到，通过家庭共同体的感情、休息娱乐等接近主观上的幸福感及满意度。对子女来说，家庭中有父爱、母爱等亲情可以使子女健康快乐成长，找到家庭带来的安全感及快乐感；对夫妻来说，除了性爱，家庭共同体带来的陪伴、关爱、休息娱乐等可以带来主观意义上的幸福感，这种共同体带来的幸福是其他任何共同体无法替代的。因此，通过家庭共同体造就的幸福感需要维持和保护。

第三节　民主社会的贡献

现代意义的家庭权不仅带来私人领域的人权解放，而且还因为私人领域中形成的自由人格权为民主社会进程带来促进作用。家庭共同体是社会重要的组成单元，也是多元民主社会重要的实践构成部分。就整个社会和国家来说，民主本身需要确保社会单元中的“自由”与“平等”，以此产生具备民主的人际关系。作为社会中的人，每位公民都是自由平等的，并且都具备追求自己幸福生活的权利，也有权在自由的范围内发挥自主性，平等、自主是民主社会的前提，成为现代社会不可或缺的价值观。因为公民处于家庭共同体的社会事实，民主社会的缔造必须创造出家庭的民主。家庭的民主主要有两方面，一是家庭内部的家庭成员之间具备自由、平等与民主；二是家庭共同体在社会中具备自主生活的基础。尤其后者能给家庭带来公民个人的归属感，以此产生家庭成员之间的扶助、关怀。这些都是家庭作为共同体区别于其它社会组织最本质的存在，任何组织都无从替代家庭这个社会共同体。就公民之于家庭内部来说，家庭成员在这种小概念的社会共同体中具备相同的人格，是平等的，这种内部的自由平等打破了一贯的家国一体体制，让民主真正落后社会集体；就家庭作为共同体之于社会而言，任何想要干预和剥夺私生活领域的家庭自治权都会造成对民生的影响，最终可能会导向一种专制性的集权。例如，家庭中父母生育、养育子女属于公民自然权利，如果不是父母造成对子女人权的侵犯，父母的抚养权不得被随意剥夺；家庭在社会生活中应该具备充分的家庭自治权，家庭生活事务、子女抚养和教育问题、购置家庭财产问题等都属于家庭的私人领域，社会及国家政治共同体不能贸然介入这些领域。

家庭作为社会有机的组成单元，在生育、养育、情爱等方面发挥着无可比拟的作用。确立家庭权的权利属性，不仅可以更好地发挥家庭在生育、养育、扶持、情爱方面的作用，而且家庭的民主自治要求为整个社会的民主发展提供了基础，更要求社会发展民主政治环境，反辅更好的家庭功能发挥。在远古的古希腊，柏拉图试图描述一种超越家庭的育儿模式，即女人应该是男人共有，摒弃狭小和束缚的家庭，通过社会集体来抚养儿童，生育需要公共许可，畸形等婴儿被抛弃，生育的孩子由专门的公共机构来抚养，优秀的儿童会带去托儿所。[①] 这种生育模式实际上是“哲学王”思想的延续，试图通过集体主义的方式来培育国家的管理者群体，但这种模式完全超越了家庭，也扼杀了父母对子女的亲权和抚养权，实际上并不具备可行性。十八世纪法国思想家摩莱里重塑和发展柏拉图的思想，在其《自然法典》中试图构造一种法制蓝本，提出儿童抚育有统一机构管理，通过部落式或一定范围的集中抚育子女，以达到反对父母溺爱子女的目的。[②] 这种做法切断了亲权及亲情，是一种本末倒置。因此，在人类历史上没有任何超越家庭的托儿所，就算在物质文化高度发展的今天，试图超越家庭的模式也无异于异想天开。亚里士多德就直接反对柏拉图“公产共家”这样的思想，主张应该更多地提及家庭的价值，认为“家庭是人类社会自然的结果，也是快乐和美德的开始，一个在美好家庭中成长的人会具备良善和美好的一面，并且不易出现犯罪和伤害，消灭家庭无异于违背自然天性，男女结合、生育、抚育等操作起来非常困难和麻烦，只有家庭才能肩负这种责任。并且人们都只是关注自己的所有，并不真正具备公共精神。”[③] 可以肯定的是，通过家庭缔造的社会才是最基本的社会基础，也是公民参与社会事务的前提，柏拉图那种“社会理想主义”实际上违反人类的自然定律，法国思想家德萨米就直言不讳地说：“柏拉图试图让儿童从家庭中消失是荒谬的，任何人和组织都不得剥夺父母的权利，家庭缔造

---

① ［希腊］柏拉图：《理想国》，郭斌和、张竹明译，商务印书馆，1986 年版，第 195 页。

② ［法］摩莱里：《自然法典》，黄建华、姜亚洲译，译林出版社，2011 年版，第 109–110 页。

③ ［希腊］亚里士多德：《政治学》，吴寿彭译，商务印书馆，1965 年版，第 48 页。

的精神、情感都不能被遏制，这是人类最高的一种自由规律。”[①]如果说柏拉图和摩莱里的目的在于造福人类，那么被他们所设计的手段将会酿成人类悲剧。在纳粹德国时代，那种种族优越论实际上是侵害家庭权的做法，限制结婚、生育自由实际上属于专制的做法。[②]在苏联时代，整个民族推行生育政策，但其违反家庭权保障目的，“通过剥夺父母对子女的教育和家庭权威，从而达到个人崇拜的目的。”[③]因此，可以看出，当家庭权被限制或被剥夺，公民权利发挥就会得到抑制。尤其我国推行集体式的国家主义，国家主导很容易导致来自公民权利范畴的家庭权被集权者所利用。从古到今，社会发展都在朝向民主，当家国一体的体制被打破后，家庭权的权利化保障对民主社会具备反作用。我国自改革开放以来，形成的特殊的国家形态被打破，公民社会在市场经济发展中得到不断培育，因此，民主社会的培育不可或缺，公民家庭生活这一最基本的私人领域不被集体力量所干预是最低限度的要求。宪法纳入家庭权，对于完善权利保障起到重要作用。基于“人性尊严”是宪法基本权利而存在的价值基础，家庭权成为一项宪法权利之后有利于社会中所有家庭的保障与成长，公民除了纯粹的个人的权利保护之外，还针对所在家庭的保护，这无疑具备双重保障效果，这种强大的保障无疑对缔造民主社会具备导向要求。同时，家庭权作为一种社会权，本身具备的自治权可以在社会生活中发挥，进而推动民主社会的多元化。

---

① ［法］泰．德萨米：《公有法典》，黄建华、姜亚洲译，商务印书馆，1982 年版，第 120 页。

② ［德］英戈．穆勒：《恐怖的法官——纳粹时期的司法》，王勇译，中国政法大学出版社，2000 年版，第 82–85、110–111 页。

③ ［美］安吉洛 .M. 科迪维拉：《国家的性格——政治怎样制造和破坏繁荣、家庭和文明礼貌》，张智仁译，上海人民出版社，2001 年版，第 107–108 页。

第三章　我国家庭权的权利体系

按我国《宪法》、《婚姻法》、《民法通则》等相关法律，以及结合自由和权利的相关理论，我国关于家庭权的内在确立有很多，可以以家庭为主体构建一整套权利体系。首先，毫无疑问家庭作为公民生活方式的实现空间及形式，拥有自治权是首要必备的，没有自治权的家庭意味着得不到任何保护的力量，只有保障家庭发挥的自由空间，才能实现公民私人生活领域的自由。这样，家庭存在于社会才有最根本的意义。其次，以“公民－家庭－公民”的家庭权利形成逻辑来看，家庭作为独立出来的权利主体，肯定应在人身、财产方面体现出权益。就人身来说，一般人身权分为人格权和身份权，而家庭人格和家庭身份在现实及法律上都体现出独立权益，如家庭隐私、家庭名誉、家庭荣誉等；就财产来说，有以家庭经济利益为客体的家庭承包经营、家庭劳动等。最后，家庭具备明显的社会性，家庭权具备社会权性质，那么在社会主义原则下，家庭应具备一定福利性、优惠性待遇，我们可称之为家庭受益权。最后，家庭作为共同体，主导因素是人，人普遍意义都具备家庭身份，基于身份还可以分立出家庭成员权。

第一节　家庭自治权

按字面意思，自治是一种自己能够做主，并不受限制或约束的状态，拥有自由是前提条件。自治具有边界，但在自由范围内要受到国家和社会尊重而不受干预。从法理上看，自治权主要是指公民在法律的范围内可以按自己的意志选择作为或不作为并且不受限制的一种状态。家庭自治权是公民自由权的衍生物，家庭作为公民生存及生活的一种形式，这种共同体具备独立意义上的自治至关重要，这意味着公民在私人生活领域完全可以按自己的意志选择生存空间及生活方式。同时，家庭自古以来作为社会的组成单元，家庭主体性具备明显的社会主体性，这种主体性维持必须依赖一定的自由空间发挥。家庭自治作为公民私人生活领域的实现模式，这种模式的基础在于从个体公民和社会公共领域分离出来，让家庭共同体中的全体家庭成员共同形成一种意思自治，那么，家庭自治的内在标准是家庭不再靠权威和服从，而靠平等和民主。因此，家庭自治的基础是民主社会，当处于家国一体的体制，专制的社会基础只会产生不民主的“家长”权威，而不存在民主的家庭自治。从家庭外部来说，家庭自治主要体现在主体独立性，对外具备宣示作用，家庭可以对外行使法律规定的自由，如家庭交易对象的选择；就家庭内部来说，家庭成员之间关系协调、家庭产业、家庭住所、家庭教育、家庭生活事务、家庭投资方式、家庭分离和变更等事项都在法律规定的范围内具备自由权和选择权，并不受国家或第三人干涉。按我国宪法及法律，家庭自治权大致涉及家庭组建自主权、吸纳家庭成员自主权、家庭生育自主权、家庭生活事务自主权。

一、家庭组建自主权

按家庭的历史发展及功能来看，家庭成立以婚姻为标志，婚姻便成为家庭成立的基础。从社会功能来看，婚姻实际上是男女两性均衡的形式，这种形式必然要被社会制度所认可。婚姻作为家庭的起点在于男女两性的生理匀称，这种匀称具备自然性，基于两性结构才形成人具有普遍性的生理及心理开窍，进而构成婚姻的本质。当一个家庭的子女成长到一定年龄，普遍意义上都会产生自然性的性需求，这种需求是人类生育的自然功能性成熟。同时，婚姻和家庭具备社会性，这种社会性导致子女随着生理及心理的成熟，进而需要从父母家庭分离出去，通过婚姻的形成重新建立新一代家庭，性成熟只是生理及其功能的标志。从人类社会历史发展及整体来看，婚姻的目标不超过以下三方面：第一，满足生理及心理的需求。从男女匀称的自然及社会结构来看，普遍意义的需求是男女结合。因此，男女组成的婚姻更符合自然标准。第二，通过生育实现人类种族延续，通过家庭父爱和母爱缔造子女从婴儿到成年得到无尽关爱，使其不断得到成长。第三，婚姻缔造家庭之后，各家庭成员之间各司其职可以过一个美满生活，相关帮助和配合让生活更加简单和满足。我们可以认为，婚姻实际上是家庭的纽带，但并不是家庭的全部，但这种纽带功能是家庭的开端，反过来，所有家庭都要以婚姻形成组合模式。因此，成立家庭要以婚姻为开端，没有婚姻就无从说起家庭建构。当一个具备完全民事行为能力的自然人到了法定结婚年龄，虽然还是上一代家庭的家庭成员，但实际上自我实现上的家庭未形成，某种程度上也可称之为无家庭之人。其次，婚姻的缔造实际上表征出家庭只能是基于两性而形成的性别均匀社会单位。最后，婚姻是家庭的部分，家庭不仅涉及夫妻关系，还涉及亲属关系。笔者认为社会意义上的亲属关系要宽泛于法律意义上的亲属关系，法律意义上的亲属只涉及直系及其配偶的关系。但显然婚姻制度不能替代家庭制度。①从自由权来说，以现代个人权利的本位世界来说，通过个人意志的爱情行为是现代婚姻的基础。那么，婚恋自由实际上只是成立家庭自由实现的一方面，这种节点上的自由直接关系到家庭成立的组成对象及内容。从我国传统的家长制来说，家长对子女的婚姻支配实际上阻断了恋爱自由，包办婚姻形式实际上用权力行使来建构下一代家庭，意思是说实际上并不存在个人意义上的成立家庭自主权。因此，家庭组建上的自由权实际上是指婚姻自主权。按我国婚姻制度，婚姻自主权大致有结婚自主及离婚自

① 蔡文辉：《婚姻与家庭》，五南出版社，2007年版，第109页。

主权。

（一）结婚自主权

结婚自主权就是公民在形成婚姻方面的一种自我做主的权利。公民可以随自己主观愿望选择结婚和不结婚，并且在选择结婚对象、方式等方面不受国家、社会、父母和他人支配。首先，公民选择不结婚实际上也是行使结婚自主权的一种，但选择不结婚就意味着选择了不成立家庭，单身的身份意味着生活实现形式不依靠家庭，而是选择纯粹个人自我实现。同时，就自由权属性来说，父母及任何人不得强迫个人改变不结婚的意思。在现实生活中，父母对达到结婚年龄的子女都有要求结婚的主观愿望，但这种愿望的实现不能采取强迫手段。例如，在现代社会条件下，因生理、心理及社会因素等多种因素导致少数人具备同性恋或不婚倾向，父母更多地只能是采取劝导和建议，采取强迫手段不符合婚姻自由权。因不结婚导致家庭父子或母子关系断绝的情况在社会上也存在，实际上这是一种强迫手段，断绝家庭父子或母子关系也不会因家庭事实导致家庭法律关系的消灭，因此，这既不符合自由权标准，也不符合法律规范。

其次，公民选择了结婚，实际上就意味着选择了以家庭方式建构生活形式，就选择结婚形成的自由权来讲，主要在于不允许任何人对结婚自由加以干涉，反对任何形式的买卖、包办及强迫形成婚姻，我们可称之为结婚自主权。具体来讲，选择结婚的自由权主要是指在法律范围内，当事人选择结婚时间、结婚对象、结婚地点、结婚仪式等方面具备自主决定权。同时，按初婚与复婚类型，其自主权可分为初婚自主权和复婚自主权，尤其是离婚的或丧偶的都有权利结婚重新组合家庭，并不受其他人干涉。就结婚自主权来讲，自主主要体现在以下几方面：第一，结婚当事人主体必须是符合法律条件的适婚男女，达到法定年龄并且没有法律所禁止的血缘、疾病等问题和缺陷。不允许同性当事人结婚成立家庭，相关论述在前面已有所论述，婚姻和家庭的关系导致同性恋爱只能产生契约式的关系，不可能产生家庭所需要的生育、父爱及母爱关系。虽然世界上许多国家法律开始承认同性婚姻，但基于我国的家庭传统（虽然不再是家国一体式组织）、子女成长方式以及家庭功能都不允许同性通过婚姻缔造家庭，不然，将对子女生育、培育及固有家庭伦理观带来毁灭性破坏，中国社会还无法承认这种根本式转变。第二，结婚当事人主体必须是真实的结婚意思表示，单相思或一厢情愿虽然也是婚姻自由权的表现，但无法形成婚姻，只有男女双方情投意合才具备结婚的主观愿望。因此，结婚是结婚男女共同事务，但双方的主观心理状态必须是真实结婚意思。除此，任何组织和个人都不得干涉或不尊重结婚男女的真实意思表示。第三，男女双方选择通过婚姻缔造新的家庭，不仅仅只是男女性爱的结果，而是伴随着家庭成立后的社会、法律责任，也就是结婚自主权行使之后会形成新的家庭成员角色，因而伴随新的责任和义务。因此，结婚自由权都伴随着后果。

最后，结婚自主权还包括离婚自主权。这种自由权属性在于离婚的资格或可能性，真正形成离婚还要受个人、家庭、社会及法律等多重因素制约。离婚自由权主要是指家庭中夫妻双方对形成的婚姻关系进行解除的权利。在婚姻为纽带的家庭中，夫妻双方解除婚姻关系会造成家庭的解体，这种解体可能会对子女成长、教育带来不利影响，家庭意义上的角色扮演实际不会存在，后续产生的子女抚养权、探视权、赡养义务等都是基于公民个人角色而存在，因为家庭破裂并不能消灭掉血缘关系的亲权。离婚自由权属于婚姻自由权的一种，当事人对所处婚姻关系不满意，行使离婚也属于应该具备的一种自主权。

二、生育自主权

“作为权利最大的意义在于形成资格。”[①]就生育自主权来说，生育是家庭形成以来最重要的目的之一，形成生育资格便是题中之义，家庭夫妻双方能够自主决定生育便成为资格意义的自由。首先，生育自主形成的前提条件是主体的限制性，从传统及法律意义来讲，只有通过婚姻成为夫妻的自然人才具备生育自主的可能性。尤其从法律角度来看，法律强调生育主体的行为能力，患有不适合结婚疾病的、未达到结婚年龄的、双方具备不适宜生育的血缘关系的都无法具备婚姻意义上的生育条件；其次，生育自由权实际是夫妻双方能够自主决定生育及其生育过程的一种权能。按庞德的说法，权能之于权利的意义在于“通过强力来保障某主体去作为或不作为的一种权威和能力。”[②]生育自主权实际上应该包涵一种权能，只不过这种权能依靠的是国家保障。“如果说拥有自由选择的主体没有背后形成权威的支持，那么这种自主毫无价值。”[③]在实践中，如果只是将自由权确立起来而没有具体保障的国家实体机构，那么权利某种程度只是摆设，或者说宣言，例如《人权宣言》很多权利条款都是一种没有保障的建构。[④]生育自由权形成权能就是依赖于国家实体机构的保障，通过预设的条件和范围来保障夫妻双方能够自主进行生育选择。“在一般情况下，如果听说公民享有某些权利时，我们大致会想到如果干涉了就意味着侵犯权利，若存在干涉，必须基于合理性来提出正当性理由。”[⑤]梁启超在研习权利之后

---

① ［英］A.J.M. 米尔恩著，夏勇、张志铭译：《人的权利与人的多样性》，中国大百科全书出版社，1995年版，第111页。

② ［美］庞德著，沈宗灵、董世忠译：《通过法律的社会控制法律的任务》，商务印书馆，1984年版，第47页。

③ ［美］庞德著，沈宗灵、董世忠译：《通过法律的社会控制法律的任务》，商务印书馆，1984年版，第66页。

④ ［美］史蒂芬.霍尔姆斯和凯斯.R.桑斯坦著，毕竞悦译：《权利的成本——为什么自由依赖于税》，北京大学出版社2004年版，第6-7页。

⑤ ［美］德沃金著，信春鹰、吴玉章译：《认真对待权利》，中国大百科全书，1998年版，第249页。

也感叹自由只是权利的表面现象。[①]我们可以将生育自主概括为夫妻双方可以按共同意思来行使或放弃生育权，并且不受任何外来强迫和干预。[②]因此，生育自主权属于夫妻双方自主发挥的一种权利。

同时，就社会而言，生育功能属于家庭的重要功能，夫妻结婚组成家庭孕育下一代是普遍选择，但这种普遍选择并不意味着必须要孕育下一代，也就是说子女并不一定完全是家庭必须的家庭成员，家庭中夫妻可以选择生育，也可以选择不生育，并且选择生育的同时还有多重自主决定权，这一系列的自主选择权我们可以称之为生育自由权。夫妻双方通过婚姻缔造新的家庭，这个时候家庭成员完全以自我发挥为中心，是否生育子女本身就是一种自由的选择，双方父母及任何人都没有对这种自由抉择做强制要求的权利。然而现实中国的现状是，受传统家庭传宗接代影响，大多数新婚夫妇都会选择生儿育女，但传统文化只是影响夫妻双方主观决策，并不阻碍自主权行使，如果说因不生育导致子不孝，导致家庭矛盾，这就开始具备强制的意思，如果导致家庭关系破裂则会产生法律意义上的强制概念，因而并不符合自由权原则。就生育自由权来说，按生育与否可以分为选择生育权。在选择生育的基础上再形成生育选择权。

（一）选择生育权

按前面的类型化安排，选择生育权就是指夫妻双方选择生育与不生育的一种自主选择权。也就是只有夫妻双方才能自主决定生育与否，双方父母或其他任何人都没有干涉权。选择生育权是生育自由的核心，后面的生育选择权及其抚养权都发端于这种选择权。《国际人权公约》（A公约）也明确表述家庭生育权权能。就生育选择权来说，夫妻之外的第三人或组织都负有不干涉的义务，尤其是夫妻双方父母在传宗接代心态及观念下，很

① 梁启超：《饮冰室合集》，中华书局，1989年版，第47页。

② 夏勇：《人权概念起源权利的历史哲学》（修订版），中国政法大学出版社，2001年版，第48页。

容易突破不干涉的义务。同时，公民选择不结婚实际上也是行使结婚自主权的一种，但选择不结婚就意味着选择了不成立家庭，单身的身份意味着生活实现形式不依靠家庭，而是选择纯粹个人自我实现。同时，就自由权属性来说，父母及任何人不得强迫改变不结婚的意思。在现实生活中，父母对达到结婚年龄的子女都有要求结婚的主观愿望，但这种愿望的实现不能采取强迫手段。选择生育权看似作为公民个人权利，但实际在家庭中，夫妻双方的决定才是选择生育权的核心因素，也就是说选择生育权实际上是以夫妻为核心的家庭主观意愿，但不受制于其他家庭成员，但一对夫妇选择不生育，免不了受传统及父母的劝阻，但只要不受父母等他人的强制干预，这就属于中国的生育选择权。欧洲流行的"丁克家族"思想目前对中国社会的部分家庭产生影响，夫妻选择不生育的情况也不少见。这种情况下，我们可以视为选择生育权的发挥。就选择生育权的外在表现来看，夫妻双方应该主动明示生育意愿，如我国夫妻双方应该向国家计生单位办理允许生育证。同时，生育选择权必须是基于夫妻共同的意思表示，是意见一致的结果，如果夫或妻某一方不同意生育就视为生育选择不一致，这种基于个人自由选择不能达成家庭生育意见的，本文认为应尊重公民个人自由权，毕竟家庭生育选择权要依赖于夫妻双方共同意见，当基于个人无法形成家庭意志时应让位于个人自由权。

（二）生育选择权

生育选择权是家庭中夫妻双方选择生育后形成的一系列自主决定权，也就是夫妻双方在生育主体及内容方面都具备自由权发挥的权能。具体来说，家庭生育选择权主要体现在以下两方面：第一，生育时间的自主决定权。夫妻双方可以自主决定在何时间段选择生育的自由决定权。现实生活中，夫妻双方一旦步入婚姻殿堂就会有一个新家庭建构计划，为了使新一代家庭规模扩大，一般在生育时间上都具备计划性，那么夫妻之间可以自主决定怀孕的性行为及其方式。当然，夫妻的生育行为受到很大限制，目前我国全面实施三胎政策，夫妻在生育三胎后其生育行为即须受到限制。第二，生育对象上具备一定选择权。这种选择权主要基于优生优育为目的的自主决定权，夫妻据此在生育对象上具备选择权。现代医学手段可以对胎儿健康状况有比较详细地了解，夫妻可以基于医学检查来观察胎儿是否健康。尤其自本世纪以来，生物医疗技术、医学影像技术发展让胎儿筛查成为常规检查，可以最大可能地避免缺陷胎儿的出生，就是在怀孕中筛查出不健康、有缺陷的胎儿，夫妻按规定程序可行使堕胎权，这种自主决定权视为自由权属性。另外，夫妻可以借助现代先进手段孕育优质胎儿，如挑选优质精子和卵子组合成优质受精卵在妻子胎盘中孕育。

三、吸纳家庭成员自主权

吸纳家庭成员自主是指家庭接受新的公民使之成为家庭成员的一种自主决定权。除了通过结婚行为吸纳家庭成员外，吸纳家庭成员的方式主要依靠收养行为。虽然收养行为具备严格的法定条件，但就家庭来说对吸纳家庭成员具备一种选择的可能性。在法定范围内，家庭有权选择通过收养方式来增加新的家庭成员。虽然现代收养的立法宗旨不在于家庭吸纳家庭成员用以家庭“传宗接代”，而在于实现儿童成长的最大利益，但是收养发生实际上对家庭产生了增加家庭成员的事实，并且也是家庭做出的决策。因此，家庭具备通过收养来吸纳家庭成员的一种自由权。通过世界立法来看，法律对家庭收养行为进行了严格的限制，导致收养自由的发挥空间相对较小。这种空间主要基于儿童权利保护而设定的条件和范围。在上世纪 50 年代联合国的《儿童权宣言》针对儿童成长确立最大保护原则，虽然这种宣言不具备国内法律的规范效力，但所确立的儿童利益最大保护原则普遍成立。后 1989 年联合国大会一致通过《儿童权公约》，世界各国通过公约形式（第三条）确立起儿童最大利益的原则，并且比《儿童权宣言》明显具备法律拘束力，要求各个国家通过立法、司法、行政及社会措施保护儿童权益，现在世界各国普遍确立这种原则，确立起儿童利益保护的基本出发点。[①] 我国《收养法》也确立这一原则，在其第二条就明确未成年保护利益，据此对收养人进行条件预设。[②] 通过家庭享有的收养权让家庭吸纳家庭成员具备自主发挥的前提，收养权的成立使家庭具备收养的资格或可能性，但这种要义必须借助保障未成年利益实现，否则这种资格或可能性将会消灭。我国《收养法》对收养权发挥设定极为严格的条件限制，主要从收养人和被收养人两方面进行条件限制。一、就对收养人限定的条件而言，设定年龄限制、能力条件、婚姻状况、有无子女限制、健康条件、收养数量限制。[③] 同时，收养人与被收养人具备血缘关系时，条件限制有所放松。[④] 这种预设家庭收养自由预定了范围，家庭收养行为可以将未成年人置于家庭共同体中，致力于未成年人能通过家庭保护方式健康成长。这种原则可以视为家庭吸纳家庭成员的一种自主权。

四、家庭生活自主权

家庭生活自主权是指家庭对生活事务及问题通过自我实现及其处理的

---

① Joan Heifetz Hollinger.Adoption Law Practice.Matthew Bender&Company Inc.1996：Ch.1，pp47-50.

② 《收养法》第二条："收养应当有利于被收养的未成年人的抚养、成长，保障被收养人和收养人的合法权益，遵循平等自愿的原则，并不得违背社会公德。"

③ 《收养法》第六条："收养人应当同时具备下列条件：（一）无子女；（二）有抚养教育被收养人的能力；（三）未患有在医学上认为不应当收养子女的（四）年满三十周岁。" 第八条："收养人只能收养一名子女。" 第九条："无配偶的男性收养女性的，收养人与被收养人的年龄应当相差四十周岁以上。" 第十条："生父母送养子女，须双方共同送养。生父母一方不明或者查找不到的可以单方送养。有配偶者收养子女，须夫妻共同收养。"

④ 第七条："收养三代以内同辈旁系血亲的子女，可以不受本法第四条第三项、第五条第三项、第九条和被收养人不满十四周岁的限制。华侨收养三代以内同辈旁系血亲的子女，还可以不受收养人无子女的限制。" 第八条："收养人只能收养一名子女。收养孤儿、残疾儿童或者社会福利机构抚养的查找不到生父母的弃婴和儿童，可以不受收养人无子女和收养一名的限制。"

一种权利。家庭作为空间或载体，在私人生活领域体现出个人与社会的互动与关联，家庭自我管理、自我发挥实际上体现出市民对社会的内在需要。家庭单纯作为家庭事务及内部事务可调控范围，家庭完全能够按自我方式安排及处理。家庭生活自主是市民社会领域重要的自由权，只有存在这种自由权利才能保障公民在生活领域的自主权，个人的生活方式、生活习惯、兴趣爱好、情感支配社会普遍意义是通过家庭共同体来实现，如果不存在家庭意义上的自主，个人自由从社会意义上根本无从发挥，因为一个公民的自由发挥在借助家庭形式发挥的时候，这种人与家庭紧密相关的关系导致家庭自由直接关系个人生活自由。就我国实际情况来说，家庭生活自由离不开对家庭生活自主权的保障，确立权利才能让家庭生活得以真正安宁。家庭生活自主权是针对家庭的一种权利，权利主体作为家庭，主要是让每一位家庭成员在家庭生活中远离公权力及第三人侵犯。据此，家庭生活自主权的核心要素在于：第一，家庭在社会中具备独立主体地位，这种独立性是任何公权力、社会组织及个人都无法消灭的事实；第二，家庭对家庭生活事务能独立支配，具有主动发挥性功能，并免受家庭之外的限制。所以，家庭的独立性、主动性发挥是家庭生活自主权的核心要素。同时，在权利家庭的现代社会，家庭生活自主要远离家长制时代的权力属性，家庭事务及其纠纷应采取权利模式的民主协商模式，而不是权威、指令式的“家长权”发挥。实现家庭生活自主的前提是家庭成员平等权的缔造，夫妻之间、代际之间及所有家庭成员之间在本质上是平等的公民个体，家庭事务决策到处理都具备建议权，我们可以视为家庭生活自治的内部要求，以与现代民主社会接轨。也就是说，家庭生活自主权要区别于“家长权”的内在构建，要求家庭内部平等及民主塑造。因此，家庭生活自主权发挥要依赖于家庭内部与外部的共同发挥。另外，当家庭事务无法通过家庭自治实现，就出现公权力介入的可能性，公权力应该对家庭生活自治作出引导和规范，而不是主导自治，家庭成员的救济应该体现国家保障家庭的功能。总的来说，家庭生活自治权实现要依赖于个人、家庭、社会及国家共同发挥作用。

第二节　家庭人身权

人身权是民法学上的权利概念，是一种非财产性权利，按一般学理性解释是指主体享有的与人身密切关联的，以特定人身利益为保护对象的一种权利。人身权依赖于主体的存在而存在，由于家庭不具备独立的民事主体地位导致法律上的家庭人身权无从确立。就实然性而言，家庭作为社会基本的组成单元，实际发挥着主体地位必然使得家庭具备人身权。例如基于家庭产生的隐私、荣誉、名誉等权利。由于法人或其他民事主体的人身权不同于自然人的人身权，实际上并不享有生命、健康、肖像等方面的人身权。同时，结合家庭作为主体的特征，家庭享有人身权但不享有自然人享有的生命、健康及肖像等方面的人身权。按人身权的一般分类，家庭人身权可以分为家庭人格权和家庭身份权。

一、家庭人格权

人格权是人身权中的一种，主要是指主体所拥有的、以维护主体性人格过程所享有的一类权利，如生命权、隐私权等。[①] 归根结底，人格权主要是基于“人的尊严”所引发的权利概念，属于公民所享有的基本的民事权利，因此，这类权利属于法律首先应着重保护的对象。家庭作为独立形成的公民利益确立类型，家庭独立出来也应该具备人格意义上的权利，共同体的人格意义大致与法人或其它组织类型的民事主体相当，除了不具备

---

① 参见王利明:《人格权若干问题探讨—纪念<民法通则>颁布十周年》，中国民商法律网—法学前沿，2001 年 12 月 16 日发布内容。

生理意义上的人格权，基于共同体应该具备一定的人格权类型。按家庭组织体的实际发挥，家庭人格权主要是指家庭基于独立主体地位呈现出来的人格意义上的权利。例如家庭独立呈现出来的隐私、名誉权益类别，以此形成人格权意义的家庭隐私权、家庭名誉权。

（一）家庭隐私权

家庭作为公民私人领域的空间形态，家庭成员在衣食住行等生活方面都具备共同性，彼此之间在信息、情感等方面形成亲密关系的共同体，家庭本身对家庭成员来说形成一个隐秘空间，这种私密空间是家庭成员的安全感、归属感及存在感的主导因素。家庭空间除了是纯粹的家庭成员隐私之外，还是家庭成员之间共同生活而形成的私人领域的私密空间，因而属于家庭隐私权的保障范围。按照具体类型，家庭隐私权具体包括以下几方面：第一，保持家庭生活安宁的权利。家庭生活安宁的最大保障是保持家庭私密空间，并不受任何外来侵入和干扰。例如家庭住宅不受侵犯，非按严格法定程序，不得对家庭住宅实施监视、监听，不得非法闯入、偷窥及骚扰家庭住宅，不得干扰夫妻性生活等等。在实践中，公权力行为，尤其是司法机关行使搜查权最容易造成侵犯。尽管司法机关的搜查行为不直接针对私人领域的生活空间，但是实际上对私人家庭会带来侵犯，在民主社会之下严格限制搜查行为是必然的。① 另外，公权力或其它外来力量对家庭住宅的破坏也构成对家庭隐私的侵犯，例如外国入侵造成对平民住宅的破坏实际上让平民无家可归，这种侵害实际上侵犯“人性尊严”，任何战争行为对公民来说都不具备合法性。在个人利益、家庭利益与社会利益的协调之间，个人行为与社会行为都不能造成对家及家庭生活的影响。② 第

---

① 杨成铭：《论欧洲人权机构对家庭生活权的保护》，《法学论坛》2005 年第 2 期。

② 杨成铭：《人权保护区域化的尝试——欧洲人权机构的视角》，中国法制出版社，2000 年版，第 182—192 页。

二，家庭及家庭成员的私密生活内容的保障权利。大致有家庭基本隐私内容，如家庭债务、家庭收入、家庭投资、家庭产业、家族病史、家庭联系方式、家庭住所等情况都属于家庭隐私内容，除法定程序之外，这些一律不得被窥探；家庭私密信息的内容，如家庭成员的日记及私人文件、家庭及成员档案材料（包括电子数据）等不受非法搜查、外泄及利用；家庭成员及其关系情况，如家庭成员的生理隐私、夫妻性生活、家庭成员个人信息及社会关系、家庭成员之间的关系等，在未经过许可的情况下，都不得公开或用于传播。

（二）家庭名誉权

名誉权主要是指主体享有的由法律确认的名义及声誉受到侵害时具备请求保护的一种权利。名誉权形成已久，并且在现代权利体系中占有重要地位。[①] 家庭名誉权就是社会对以整个家庭表现出来的相关的诚信、行为、习惯、品德等总体的一种评价。现在名誉权只针对自然人或法人，法律意义上并不存在家庭名誉权，主要在于家庭没有成为独立的民事主体，一般家庭的家庭名誉权都以家庭成员个人荣誉权呈现出来，但很多无法替代，例如社会对某个家庭培育或教育出来的子女赞誉有加，或者评价某个家庭的家风不正，从父辈到子女普遍存在不尽赡养义务而作出对整个家庭的评价。因此，现代家庭名誉权有确立的应然性和社会基础。具体内容来看，家庭名誉权大致包括以下三方面：首先，家庭名誉保有权。家庭对家庭名誉享有继续保持及享有的一种权利，属于一种典型的自我实现权利。保持家庭名誉不丧失，即自我保持一种名誉品质；当家庭所处的名誉处于不利局面或名不副实时，家庭以实际行动来改变不利的状况。家庭名誉保有权的功能不是“掩耳盗铃”式的利用自己主观力

---

① 参见郑云瑞：《民法总论》（第四版），北京大学出版社，2011 年版，第 182 页。

量去改造相关社会评价，而在于自我恢复和实现来获得家庭原有的社会评价。其次，家庭名誉维护权。当家庭名誉受到不正当评价和歪曲时，家庭可以就此提出请求权，属于典型的主观权利。对此，实际上要求家庭成员之外的组织和个人都具备不得侵犯的义务。当这种不作为义务发生时，负有民事行为能力的家庭成员有权基于家庭名誉维护权请求司法救济。最后，家庭名誉权还包括家庭名誉的利益支配权。家庭有权对于家庭名誉权所体现的利益进行支配。但家庭成员在以家庭名义与他人交往并因家庭名誉获得利益时，家庭本身就承载着利益支配权，任何人不得干预。如，个体工商经营户以家庭生产某产品而远近闻名，据此可以产生家庭名誉在利益上的支配权。

二、家庭身份权

家庭身份权主要是指基于家庭身份而产生的权利。由于家庭的种类和情况不一，家庭身份权并非所有家庭都具备相同或类似的权利，需要针对特定家庭为对象的身份进行分析。结合我国宪法及相关法律，基于家庭身份的权利主要有家庭荣誉权、侨眷权、政治平等权。

（一）家庭荣誉权

按字面意思，荣誉是指在别人心目中或社会上具备引以为豪的赞誉。也是我们日常生活经常接触的一个词，大致有“光荣”、“荣耀”的含义。按民法学者杨立新教授的定义，荣誉是“特定民事主体在社会生产、社会生活中有突出表现或突出贡献，政府、单位团体或其他组织所给予的积极的正式的评价。”[①] 就家庭荣誉而言，主要是指家庭因突出表现或贡献而被特定公信力团体授予的一种正式评价。例如从上世纪五十年代推行的“五好家

① 杨立新：《人格权法》，中国政法出版社，2006 年，第 266 页。

庭”评选，这种称号就意味着家庭荣誉，这种荣誉意味着“先进家庭”“温暖家庭”“幸福家庭”的实质内涵。除此，各地方政府及相关团体组织评选的“和谐家庭”“幸福家庭”“光荣家庭”都属于家庭名誉范畴，这种荣誉在局部范围内都具备影响力。因此，家庭名誉广泛存在。按家庭荣誉的概念，我们可以将家庭荣誉权定义为：指家庭在社会生活中因突出表现或贡献被特定公信力团体授予的正式评价并不受侵犯和歪曲的一种权利。

从具体内容来看，家庭荣誉权与家庭名誉权一致，也具备三方面的权利：首先，家庭荣誉保有权。一方面是保持家庭荣誉的内在标准，防止名不副实，或者防止家庭荣誉旁落；另一方面是当家庭荣誉处于不利局面时，家庭努力进行荣誉维持。其次，家庭荣誉维护权。当家庭之外的组织（包括公权力组织）和个人对家庭荣誉予以歪解、诽谤或践踏时，家庭有权要求停止侵害、赔礼道歉、消除影响等，甚至可以请求法律救济。最后，家庭荣誉的利益支配权也是家庭荣誉权的一项重要内容。家庭享有对因家庭荣誉展现的利益进行支配的权利。如，个体生产户生产的产品被当地政府表彰，可以产生家庭荣誉的利益的支配权。

（二）侨胞家庭权

侨胞是华侨、归侨的总称，本质上仍属于中国国籍，属于中国公民身份。因为属于中国公民身份，其家庭权益仍受保障，我们称之为侨胞家庭权。侨胞家庭实际上是基于中国家庭身份产生的一种权利，带有明显的身份特征。我国法律意义上实际存在侨胞家庭权，只不过称呼上为保护侨眷，即侨眷权。这种侨眷权主要基于中国或相关中国家庭身份产生的一种特别保护，保护侨眷实际意味保护侨胞的家庭。我国《宪法》两次提及保障侨眷，[①]尤其第二次明确赋予国务院职权义务。在具体立法形成方

① 第一次是《宪法》第五十条：“中华人民共和国保护华侨的正当的权利和利益，保护归侨和侨眷的

面，《归侨侨眷权益保护法》明确规定侨眷的范围，进一步明确保障侨胞家属范围，[①]从而使侨胞家庭权保障确立起来。就侨胞家庭权内容来讲，大致涉及定居、财产、出入境、社会保障等权利，并且在投资、受教育、收养、继承等方面给予特别保护。具体来看，侨胞家庭权益的内容主要分为政治、经济、文化、社会保障权益。首先，侨胞家庭的政治权益。归侨及其家庭成员不会因归侨身份导致政治权利的差别待遇，一律平等享有选举权与被选举权，并且与少数民族等群体享有特别照顾，如人大代表、政协委员在归侨群体有特定的名额，保障归侨侨眷能享有参政议政的权利。其次，侨胞家庭的经济权益。因为华侨家庭的实际不在国内，经济权益主要针对归侨家庭，主要包括保护投资权、经营权，禁止对侨资企业进行差别对待；保护财产权益，对归侨家庭财产、企业收益明确保护，明确侨务部门在经济权益保护方面的行政职能与责任；保障归侨及侨眷的劳动权益，并在就业方面给予必要指导和服务。再次，社会保障权益。主要包括：侨胞家庭成员享有的社会保障金、医疗待遇、生育保险不得因出入境等特殊情况而丧失。最后，文化权益。主要涉及到归侨家庭子女的受教育权问题，我国对归侨子女在入学、升学方面都给予特别照顾。

（三）政治平等权

这里的政治平等权主要是指基于不同家庭身份的家庭成员平等地享有在参政议政权、选举与被选举权、担任国家公职等方面的权利。平等待遇意味着家庭成员身份的公民不受政治歧视。因不能基于家庭差异而导致公民政治不平等，因此也是家庭身份权中的一种权利类型。在现代文明的社

合法的权利和利益。”第二次《宪法》第八十九条：“国务院行使下列职权：（十二）保护华侨的正当的权利和利益，保护归侨和侨眷的合法的权利和利益。”

① 《归侨侨眷权益保护法》第二条：“本法所称侨眷包括：华侨、归侨的配偶，父母，子女及其配偶，兄弟姐妹，祖父母、外祖父母，孙子女、外孙子女，以及同华侨、归侨有长期抚养关系的其他亲属。”

会之下，政治文明的核心在于政治平等权。政治平等是现代民主、文明社会的衍生观念，本质在于要求政治共同体人人都有参与的机会。人可能因为个体差异，家庭地位、社会角色不同，但不能因此丧失参与的可能性。这种主体政治地位及机会平等对缔造政治平等观至关重要。在现实中，很可能因为差异造就政治平等在实质意义上存在不平等，尤其个人在天赋、代际、资源等方面发生“马太效应”时都可能自发地认为政治平等不具有实然性。本文认为，在宪政时代背景下，每位公民政治平等的实现条件千差万别，但事实状况不能影响政治平等权本身，因为权利意味着资格或可能性，任何实然意义的政治结果都必须依赖于法理意义上的权利资格。从政治平等权利的起点上，起码每个人在概率上都是同等的机会。当作为社会公民，每位公民的身份与资格都是必须具备的。同时，政治平等权意味着承担的义务都应该平等，不会因家庭出身不同，遭遇义务的不对等。因此，家庭之于政治平等权的最大意义在于每个家庭成员都具有平等政治发挥的资格，绝对不会区别对待来自不同家庭的公民。据此，我国宪法第三十四条规定公民的选举权与被选举权不受家庭出身影响享有平等权，可以视为政治平等权的集中体现。

第三节　家庭经济权

家庭经济权主要是指家庭关于经济利益取得方面的权利。在计划经济时代，家庭经济收益除了集体分配之外，还包括家庭副业产生的经济收益，成为集体经济的重要补充和社员家庭收入的重要来源。改革开放之后，家庭经济受益权不断扩展，家庭可以依靠知识、劳动、投资、交易、承包、租赁、加工、参股等多种渠道和手段获得经济收益。经济收益作为家庭财产来源及增加的重要渠道，家庭经济受益权必然占据重要的地位。

从我国宪法来看，有以下几种具备家庭属性的家庭经济受益权值得探讨：家庭承包经营权、家庭工商经营权、家庭劳动权。其中家庭承包经营权涉及农村集体经济改革的归属，而劳动权是现有分配制度下最重要的一种制度，但同样也是家庭经济权类型。

一、家庭承包经营权

中国几千年来一直呈现小农经济，一家一户、自供自给的产销模式。家庭、土地紧密关联，家庭利用土地形成自然经济。新中国成立完成社会主义改造后，农村土地实行集体所有制，通过一定范围的劳动群众共同占有及生产完成家庭与土地分离，这种集体构建是生产资料公有制的体现，虽然在摆脱生产剥削制度方面起到根本作用，但对农村经济结构、产业格局及劳动力解放具备严重束缚，共同生产、共同分配方案按农村当时的经济水平都无法实现。于是，上世纪 70 年代后期国家推行农村经济制度，最终决定推行家庭联产承包责任制。这种农村经济制度采取家庭承包，发包主体则是集体经济组织，家庭是承包主体，集体经济组织按家庭人口标准将土地下放到家庭经营户。这样一来，农村经济制度实际上发生变化。生产方式上，家庭对土地重新具备自主权，虽然不具备所有权，但自主生产经营权的存在使家庭能自主支配土地，进一步解放家庭劳动力；分配方式上，家庭承包经营户自负盈亏，让农村家庭的收入与生产能直接关联起来，克服了原本与经济水平不相适应的平均主义，进一步提高了生产积极性。因此，家庭在承包的基础上便形成独立的家庭承包经营权，家庭可以在承包的土地上独立完成种植、经营。因此，我国 1993 年宪法修正案及 1999 年宪法修正案都对农村经济制度改革的成果及时予以肯定，直至形成现行《宪法》第八条。[①]这种以农村家庭为单位的经济改革至关重要，中国一直是农业生产大国，农业、农村、从事农业人口都占据主导因素，关于“三农”改革因素事关国家根本。虽然《宪法》第八条规定的家庭承包经营以经济制度来反映，实际上通过制度来呈现家庭承包经营权，这种经济权益以制度保障呈现，并不以公民基本权利呈现，但我们不能据此否认家庭承包经营权的存在。按法理及其运作来看，家庭承包经营权实际上是指家庭对承包的土地享有占有、使用、收益、转租及流转权利。承包家庭虽然不具备所有权，但所有权与经营权的分离实际上让承包经营家庭具备类似所有权的支配权，实际上让家庭承包经营权具备极大的发挥空间。因此，按我国农村经济制度及宪法内容来看，家庭承包经营权是家庭权不可或缺的一种家庭经济权利。

二、家庭工商经营权

家庭工商经营权是指以家庭为单位实现生产、加工、经营的一种以家庭利益为客体的权利。家庭成为重要的生产、加工及经营单位，同时家庭不再单独是生活领域的空间和实现形式，而是承载更多的经济利益实现方式，这不同于家族经济，家族经济是以血亲、姻亲等聚合社会意义的家族而形成的经济聚合体，并不属于一个法律概念，只具备社会意义。家庭工商经营仅指生活方式上的家庭承载工业、商业等经营内容的经济功能。家庭模式下的手工业制造、商业买卖、交易类型在我国普遍存在，尤其集中在中小城镇、农村广大地区，典型如温州家庭模式的皮鞋生产加工。尤其在广大农村，宪法确立的农村副业蓬勃发展，例如新形成的“淘宝村”是

① 《宪法》第八条：“农村集体经济组织实行家庭承包经营为基础、统分结合的双层经营体制。农村中的生产、供销、信用、消费等各种形式的合作经济，是社会主义劳动群众集体所有制经济。参加农村集体经济组织的劳动者，有权在法律规定的范围内经营自留地、自留山、家庭副业和饲养自留畜。”

典型的家庭商业模式。因此，家庭生产经营在我国普遍存在，应确立起家庭工商经营权。而我国《民法通则》实际上也确立了家庭经营模式，其第二十九条规定家庭经营的工商户应该以家庭财产承担债务。[①] 虽然这种规定是责任连带式规定，但不可否认存在着通过家庭模式生产经营的经济行为，里面必然包含着工商经营性质的经营权。

三、家庭劳动权

劳动权实际上是公民通过劳动换取报酬的一种权利。直接关系到公民的基本生存与发展，因而具备重大意义。由于公民之于家庭的意义，公民劳动普遍意义上会彰显家庭共同体的生存和发展。就公民劳动的社会意义，劳动权主要意味着家庭劳动权。首先，就家庭的生存保障而言。在现代社会条件下，从社会分工、社会关联情况来看，劳动是生存的主要手段，家庭的生存普遍需要家庭成员劳动获取收入。当一个家庭夫妻双方都没有劳动收入，普遍都会陷入家庭生存危机感，虽然社会不少新成立家庭依靠父母给付、继承而获得家庭经济基础，但并不具备普遍意义。就整个社会来说，家庭成员需要通过劳动才能获取家庭收入。如我国普遍存在的“外出务工人员”，造成空巢家庭、留守家庭现象，实际上都是家庭劳动主力需要通过劳动获取家庭收入。如城市工薪阶层人数占绝大多数，大多都需要以劳动来维持家庭生活开支、子女教育、房产贷款、汽车消费、父母赡养等。因此，劳动对家庭生存具备普遍保障意义，为家庭生存提供了生活资料的来源支持。除此，劳动权具备受益属性可以保障家庭基本生存状况，当家庭成员的劳动能力、劳动对象出现不可预期的情况时，国家可以保障家庭成员免受重大损害，如当家庭成员面临失业、工伤、生育、健

① 《民法通则》第二十九条规定：“个体工商户的债务，个人经营的，以个人财产承担；家庭经营的，以家庭财产承担。”

康、甚至死亡等情况导致劳动权益受损，可以要求国家提供就业机会，在必要情况下，国家应给予相应的基于劳动的保障。我国宪法、劳动法、劳动合同法及社会保险法对此都进行保障。① 可以看出，我国作为发展中国家，在积极促进社会经济发展的同时，不断强调以人为本，促进社会发展，家庭作为个人与社会的连接点，保障家庭权生存也体现在家庭受益权方面。因此，劳动受益权属性可以给家庭带来生存保障。

其次，就对家庭的发展保障而言。家庭成员以公民身份享有的劳动权具备发展权属性，主要体现在劳动者行使劳动权的过程中具备发展机会，通过个人积极参与社会劳动来谋取家庭的发展。② 马克思认为劳动给每位劳作的人提供了全面表现的机会。③ 人民通过劳动改造自然的同时可以获取有用的知识、信息，不仅体现在劳动产品上，而且反映在对人的塑造方面。④ 因此，家庭成员的劳动可以推动以家庭为单位的社会关系，家庭成员通过劳动不仅可以获得生活资料，还可以使家庭与单位之间建立一种社会关系，进而促进家庭在各自社会联系中具备的发展机会，社会分工不断

---

① 如我国《宪法》第四十二条第二款规定："国家通过各种途径，创造劳动就业条件，加强劳动保护，改善劳动条件，并在发展生产的基础上，提高劳动报酬和福利待遇。"第三款规定："国家对就业前的公民进行必要的劳动就业训练。"《社会保险法》第二条规定："国家建立基本养老保险、基本医疗保险、工伤保险、失业保险、生育保险等社会保险制度，保障公民在年老、疾病、工伤、失业、生育等情况下依法从国家和社会获得物质帮助的权利。"《劳动法》第三条："劳动者享有平等就业和选择职业的权利、取得劳动报酬的权利、休息休假的权利、获得劳动安全卫生保护的权利、接受职业技能培训的权利、享受社会保险和福利的权利、提请劳动争议处理的权利以及法律规定的其他劳动权利。"

② 世界上已经普遍确立人权发展权概念，明确了发展权的基本要以。如1986年的《发展权利宣言》第一条第一款规定："发展权利是一项不可剥夺的人权，由于这种权利，每个人和所有各国人民均有权参与、促进并享受经济、社会、文化和政治发展，在这种发展中，所有人权和基本自由都能获得充分实现。"第八条第一款规定："各国应在国家一级采取一切必要措施实现发展权利，并确保除其他事项外所有人在获得基本资源、教育、保健服务、粮食、住房、就业、收入公平分配等方面机会均等。应采取有效措施确保妇女在发展过程中发挥积极作用。应进行适当的经济和社会改革以根除所有的社会不公正现象。"

③ 中共中央马克思恩格斯列宁斯大林著作编译局编译：《马克思恩格斯选集（第三卷》，人民出版社，1995年版，第644页。

④ 中共中央马克思恩格斯列宁斯大林著作编译局编译：《马克思恩格斯选集（第四十四卷》，人民出版社2002年版，第557页。

细化，家庭产业、家庭消费都可能在社会关联性中寻找到更好的机会。具体来说，基于家庭成员的劳动权对家庭的发展主要体现在以下方面：第一，以家庭成员的劳动权获取家庭发展所需资源。家庭成员基于公民的自主择业权、劳动保障权、平等就业权、社会保障权、职业培训权、职务晋升权、获取报酬权等使家庭能充分享受社会经济发展带来的利益，并为家庭发展取得所需要的资源。第二，劳动权益集中于劳动者本身，同时劳动者基于家庭成员身份并不是受排斥的，这种统一的价值能促进劳动者家庭更好更快地发展。第三，保障家庭成员的劳动权可以促进以家庭为本位的社会发展观，尤其是劳动权具备的发展权属性深化了社会对家庭劳动行为的最终归属确认，“体面劳动”的社会要求间接表达了对家庭权的尊重。①

第四节　家庭受益权

受益权是指公民享有要求国家作出某种行为而使自己获取利益的权利。受益权最大的特点在于要求国家作为。受益权属于社会权的内在要求，随着经济社会水平的提高，国家具备保障公民经济文化等社会权益的义务。随着我国社会主义现代化建设不断推进，社会经济文化水平的提高要求加大力度来保障公民的社会权益。家庭权作为公民在社会领域最重要的权利，家庭也具备要求国家作出某种行为而使自己获取利益的一种权利。法律不存在专门针对家庭的受益权，但经过公民受益权演绎可以得出家庭受益权。就具体保障的法律制度而言，家庭受益权主要通过社会保障制度、社会救济制度及税收优惠政策来实现。

---

① 白小平、马玉堂：《劳动权性质论略》，《西北民族大学学报（哲学社会科学版）》2007 年第 4 期。

一、家庭受保障权

从公民与家庭关系的角度而言，我国宪法中的社会保障制度设计涵盖了公民所在的家庭。2004年宪法修正案正式将“社会保障制度”纳入国家体制，体现出国家对改善公民的物质文化生活的制度保障在于社会保障制度的建设。[①]通过宪法发展及表述，我国对社会保障权不断加强保障力度。首先，宪法将社会保障权主体从劳动者变更为公民，以覆盖全体公民，包括家庭中不具备劳动能力的子女、父母等所有家庭成员，使得所有家庭成员都纳入社会保障范围。[②]八二宪法对权利主体限定在“劳动者”，这样规定显然不符合人人平等要求，将广大“非劳动者”排除不仅有歧视嫌疑，而且表述带有政治意味。八二宪法确立“公民”的社会保障权主体，主要在于当时正处于改革开放转折阶段，改革之后的家庭承包经营户、个体工商户、私营经济需要也属于劳动者范畴，单一的社会主义劳动者明显不符合中国现实状况，尤其家庭成为重要的生产、经营的重要场所，强调公民实际上更多地指向家庭共同体。其次，从宪法表述来看，社会保障与“获得物质帮助”几乎可以打等号，社会保障需要从社会保险、救济、优抚及医疗卫生事业来构建，同时在保障制度建设中注重特殊群体保障及退休养老保障。从内容的实质性分析，这些都涉及家庭生养病老事务，属于对家庭功能的部分替代性和救济性。因此，宪法中社会保障对象虽然没有明文规定有家庭，但内容安排及主体安排基本都与家庭密切关联，社会保障绝大多数涉及家庭受益，因此实际上存在着家庭受益权，只不过以家庭成员的公民身份呈现。一般情况下，家庭保障权包括家庭受救助权、家庭受保

---

① 宪法第十四条最后一款：“国家建立健全同经济发展水平相适应的社会保障制度。”

② 《宪法》第四十五条规定：“中华人民共和国公民在年老、疾病或者丧失劳动能力的情况下，有从国家和社会获得物质帮助的权利。国家发展为公民享受这些权利所需要的社会保险、社会救济和医疗卫生事业。国家和社会保障残废军人的生活，抚恤烈士家属，优待军人家属。国家和社会帮助安排盲、聋、哑和其他有残疾的公民的劳动、生活和教育。”

险权、家庭福利权、家庭优抚权。

（一）家庭受救助权

参考社会救助的内涵，家庭救助主要是指国家和社会针对特别家庭提供物质或辅助。针对贫困家庭、需特别关照家庭的救助通常被认为是国家的一种任务，大多采取特别关照的方式提供救助，如无偿救助、提供物质等，以使得特殊家庭摆脱生存危机。关于家庭救助的外延，通常涉及到贫困救助、重大遭遇救助、残疾家庭救助、重大负担家庭救助。①家庭救助包含于社会救助之中，而社会救助的内容随着社会保障水平的提高又体现不同，如以前的救助主要是单一的物质供给，现代救助方式多样化，甚至出现针对特殊公民家庭的个性救助。家庭受救助权与其它社会救助权一样，从恩赐发展到现代社会逐渐形成一种单独的权利现象。按我国宪法第四十五条的规定，家庭成员在遭受疾病、年老及丧失劳动能力等情况，就家庭而言应该具备受救助权。按我国社会救助建立的体系，家庭救助权包括最低生活保障权、灾民家庭获救助权、受专项救助权。尤其专项救助权，也就是在教育、医疗、劳动等方面享有受救助权。最低生活保障权涉及家庭生存；教育受救助权涉及家庭儿童受教育权益；获医疗救助权涉及家庭成员的生命权、健康权；灾民家庭获救助权涉及家庭一系列生存及生活权。

（二）家庭获保险权

社会保险是社会保障制度的核心，因此，家庭获保险权在家庭保障权占据重要的地位。国内学者对社会保险权的定义大多从物质帮助角度概括，如种明钊就认为“社会保险权是指劳动者因为年老、生育、患病等导

① 参考郑杭生：《社会保障学—理念、制度、实践与思辨》，商务印书馆，2000年版，第18页。

致无法正常劳动时，有权获得国家物质帮助。”还有学者认为这种权利应包括全体公民。通常认为，如果社会保险只涉及劳动者，家庭获保险权无疑存在保障力度不强问题，家庭成员中非劳动者普遍存在。同时，在立法上，《社会保险法》中的养老及医疗保险不局限在“职工”，基本按公民身份开展。①意味着社会保险权主体实际上包括所有公民，由于绝大多数公民离不开家庭，因此可以说社会保险权主体真正涉及的是家庭成员，当家庭成员获得社会保险，实际意义上也就存在着家庭获保险权。

（三）家庭福利保障权

家庭福利保障权是指为了让家庭及其成员获得更好的物质文化享受而受国家保障的一种权利。现代社会实际上是要让公民和家庭享受更好的物质文化待遇，其对象是面向所有的公民和家庭，甚至有些国家还包括外国公民及家庭的福利。从内容上看，国家的社会福利从公民出生到死亡都涉及，涉及广泛的社会生活及家庭生活。家庭作为公民在生活领域最重要的实现形式，保障家庭生活的福利待遇对满足公民生活水平的提高具有重要作用。就家庭福利权来说，主要关系到家庭生活上的福利待遇，例如保障家庭成员的养老福利、保障家庭所在社区的福利、保障家庭生活上的福利等等。

（四）家庭优抚权

家庭优抚权主要是针对军人家庭的抚恤优待权利。家庭优抚来源于社会优抚制度，主要是国家通过一系列制度对特定军人及其家属提供特别抚

① 《社会保险法》第十条第二款规定：“无雇工的个体工商户、未在用人单位参加基本养老保险的非全日制从业人员以及其他灵活就业人员可以参加基本养老保险，由个人缴纳基本养老保险费。”第二十三条第二款规定：“无雇工的个体工商户、未在用人单位参加职工基本医疗保险的非全日制从业人员以及其他灵活就业人员可以参加职工基本医疗保险，由个人按照国家规定缴纳基本医疗保险费。”

恤和优待。我国宪法第四十五条明确进行了规定。[①] 如针对参战军人、残疾军人作出特别的社会安排和待遇。首先，针对军人的抚恤优待对家庭保障具备积极作用。另外，针对特定军人家属（主要是指烈士家属、因公牺牲军人家属、病故军人家属，俗称“三属”）提供特别待遇。因此，针对家庭的优抚权法律意义存在，虽然以军人或家属的方式呈现这种权利，但不能否认实际上针对军人家庭的优抚权。

二、家庭税收优惠权

税收优惠也称税收激励，家庭意义上的税收优惠权是指按国家税法的规定，家庭在生产经营中享有一种税收减免的权利。税收优惠通常是政府部门在普遍科税的基础上实施的一种正当性措施。特定人群及团体有时不能按照一般意义征收税收，没有差别的对待时常导致实质的不公平。税收优惠采取税收法定及灵活征收的方式，对家庭产业家庭经济方面采取税收优惠，属于家庭权范畴，旨在减少家庭经济成本、增加家庭收益，从而形成一种受益权。具体来说，针对农村承包经营户免除农业税、针对家庭工商经营户给于税收优惠或税收减免等等，虽然都属于针对家庭产业的扶持，但实际上对家庭产生一种税收优惠，一旦政策及法律落实，任何公权力机关不得侵犯这种税收优惠权。

第五节　家庭成员权

家庭成员权是基于家庭身份角色产生的带有身份性质的权利。这种权利在家庭内部具备法律约束力，不同的家庭成员具备不同的权利，同时权利明显特征是具备相对性，内部权利意味着内部义务。因此，家庭成员

① 《宪法》第四十五条：“国家和社会保障残废军人的生活，抚恤烈士家属，优待军人家属。”

权也可以称之为家庭内部权利，虽然以公民个人权利为表现，但这种权利不能离开家庭，离开家庭这种成员权便不再产生。如夫妻离婚出现的监护权、探视权、受抚养权不再是基于家庭成员的权利，而是基于公民与公民之间一种不可分割的血缘关系形成的权利义务类型，本质上已经不再属于家庭成员的身份权。具体来说，家庭成员权在家庭关系上大致具备家庭成员共同生活权、基于父母身份的权利、基于家庭妇女的权利、基于子女身份的权利。

一、家庭成员共同生活权

家庭作为公民生活实现的空间形式，重要目的在于共同生活，共同享受家庭住所条件、共同享有饮食起居、共同料理家务事、共同安排业务生活、共同照顾子女、共同享受业余生活、共同享受家庭情感等。可以说，共同生活是家庭最重要的生活基础，也是家庭功能发挥的必要条件，没有共同生活基础很可能造成婚姻、子女教育、家庭情感陷入不利局面，如空巢家庭在实际生活中长期没有共同生活，导致夫妻双方生理及心理孤单、子女家庭教育缺失、家庭事务处理变难等。因此，共同生活是家庭生活的重要方面。按家庭共同体的功能及表现形态，家庭成员享有共同生活权，不可被任何人侵犯。家庭成员具备家庭共同生活的权利对维持家庭存续及维持家庭成员之间的关系也极为重要，国家应该采取一切措施保障公民家庭的共同生活权，同时公权力不得破坏家庭共同生活的基础，更不能出现拆散家庭的情况。国际人权组织将家庭共同生活居住（尤其是夫妻）定义为“家庭的正常行为”，如果存在将家庭成员排除家庭共同生活之外，这不符合家庭权保障标准。家庭成员作为家庭中最重要的因素——“人”，任何个人都无权将家庭成员排除在家庭之外。现代家庭中可能存在家庭管理人，但绝对没有将其它家庭成员逐出家门的权利（力），主要宗旨在于家庭成员的共同生活权受保障。当家庭成员因刑事犯罪被强制排除在共同生活之外，这种人身强制措施或监禁只是事实上剥离了共同生活权，家庭成员身份不会改变，法律意义上的共同生活权依然存在，但恢复人身自由或刑满释放后，这种共同生活权会自动恢复，其它任何家庭成员不得反对其入家门。目前世界通行的做法是，许多国家通过法律确立起同居权利义务，如德国、美国各州都规定了夫妻的共同生活方面的权利义务，如相伴义务、同居义务、相助义务、性爱义务等。我国《婚姻法》没有明确夫妻的共同义务，但从第四条来看蕴含更加严格的共同生活义务。[①] 实质上内在的义务要求高于相对权利，但就相对性来说，本质上仍存在共同生活权。

二、父母身份的权利

基于父母角色的权利是指在家庭中基于对子女父母身份应该享有的权利。在台湾地区，一些学者干脆使用父母权，如学者陈惠馨就认为按德国法律，父母权不会基于父母离婚而全部消失，仍然具备基于血缘享有对子女的交往权及信息权。[②] 基于父母身份，这种类型的家庭成员主要针对子女（包括未成年子女）享有权利，如对未成年子女的抚养权、教养权、法定代理权、子女交还请求权、同意权等等；如针对成年子女的被赡养权等。虽然基于父母角色享有的权利义务是混合的，有的既可以说是权利，也可以称之为义务，所处身份不一样，呈现的权利义务的形态有所不同。就以父母的身份而言，对子女的义务也可以被看作是权利。根据总结，父

① 《婚姻法》第四条："夫妻应当互相忠实，互相尊重；家庭成员间应当敬老爱幼，互相帮助，维护平等、和睦、文明的婚姻家庭关系。"

② 德国民法典第 1602 条规定，在亲权之外，还另外设定父母对子女的抚养义务；第 1618a 条规定父母及子女之间的相互义务；1634 条规定，父母与子女的交往及获得子女信息的权利不能被剥夺。上述规定构成父母身份权利的内容。

母角色的权利主要表现在亲权和被赡养权。

（一）亲权

世界各国对父母的亲权内容涵盖的范围、呈现的特征也有所不同，但在家庭生活模式下，大体可以分为涉及子女在人身和财产两方面的权利。涉及财产方面的可以概括为父母对子女的财产照顾权。

1. 人身方面的亲权。涉及人身方面的可以概括为父母对子女的人身照顾权，主要是对未成年子女在生命、健康、肖像等人身方面进行照顾而享有的一系列权利。首先，对未成年子女的抚养权。这种权利是义务的延伸，父母对未成年子女具备生活照顾、经济供养及外在保护的义务，在此义务上形成独特的抚养权。任何组织和个人不得剥夺父母对子女的抚养权，如未成年子女被拐卖，或发生丢失，父母据此可以享有子女返还请求权；如保护未成年子女人身免受侵害权；①如父母离婚，这种基于身份的权利依然存在。父母享有抚养权除了是对父母身份权进行确认之外，还是未成年子女成长的根本保障。其次，对未成年子女教育和保护形成的权利。对未成年子女进行管教是父母促进未成年子女健康成长的方式，家庭共同体的因素决定父母是最好的老师。父母教育具有先天义务性，确认父母具备这方面权利主要在于排他性的确认。同时，也是父母对未成年子女日常生活中言行举止能采取引导和约束的依据。父母对子女的教育权被世界绝大数国家所确认，并且许多国家规定惩戒权可以成为教育子女的手段。如日本、德国、瑞士都规定了父母在教育上的惩戒权，②为了未成年子女能

① 如《瑞士民法典》第 341 条 3 款规定："子女非经父母，不得外出。"如《日本民法典》第 821 条规定："子女应于行使亲权"；如《德国民法典》第 1623 条规定："对不法抑留子女的人，父母此时有请求交还子女的权利。"具体参见郑小川、于晶：《亲属法》，清华大学出版社，2006 年版，第 73–74 页。

② 如《日本民法典》规定："行使亲权人，于必要范围内可亲自惩戒子女，或经家庭法院许可，将子女送入惩戒所。"此外德国、法国、瑞士也有类似规定。

得到正常教育式的约束和引导，父母在一定范围内、用一定手段惩罚是被允许的，但必须在法律和道德约束的范围内实施。但北欧许多国家，如芬兰、瑞典等禁止所有的体罚行为。我国古代以来就非常重视父母的教育权，家长对子女的惩戒教育权非常强大，以至推行“棍棒教育”。然后，父母对未成年子女具备代理权。基于未成年子女是不完全的民事行为能力人，父母有权行使代理权。任何限制未成年子女的法律行为都必须经父母代理同意。父母同时对子女人身方面具有同意权，如未成年子女的手术同意权。最后，父母基于代理权的发生可以就未成年子女受人身财产侵害具备损害请求权。

2. 财产方面的亲权。涉及财产方面的可以概括为父母对子女的财产照顾权，主要是指父母对未成年子女财产拥有管理，甚至支配的权利。随着时代发展，经济多元化导致未成年子女获得财产的机会大大增加，如子女因知识产权获利、因继承或赠与获得财产、因奖励或自我劳动取得财产等。基于未成年子女处于不完全民事能力阶段，父母为了子女的财产权益应具备一定程度的照顾权。按照国外经验，未成年子女的财产分为特有与不特有两种。特有主要是无偿取得的财产，不特有主要是通过自我方式有偿取得的财产。父母对特有的这部分享有管理权，对不特有的不享有管理权。我国法律没有细化财产类型，但父母具备管理权利无疑，但管理方式、手段必须基于未成年子女权益，否则应承担相应责任。① 在具体管理过程中，如果基于子女财产的受益性，父母具备一定未成年子女财产支配权。受益性的标准在于所有权性质不发生变化，而支配财产能获得孳息

① 如《民法通则》第十八条：“监护人应当履行监护职责，保护被监护人的人身、财产及其他合法权益，除为被监护人的利益外，不得处理被监护人的财产。监护人依法履行监护的权利，受法律保护。监护人不履行监护职责或者侵害被监护人的合法权益的，应当承担责任；给被监护人造成财产损失的，应当赔偿损失。人民法院可以根据有关人员或者有关单位的申请，撤销监护人的资格。”虽然父母与监护人存在差异，但普遍意义上父母一般都是子女的监护人，本人主要针对家庭父母的论述，所以从父母角度来安排论述。

等实质利益。[①] 目前世界上认同亲权人对未成年人格及权利的保障，但对这种受益权持反对意见的不少，如德国和瑞士就明确反对。本文认为只要受益标准及可能性具备正常的可靠性，那么应赋予父母支配权，例如父母用未成年子女的资金购买股票就超出了正常的可靠性，如利用未成年子女的资金进行有担保的借贷就具备正常的可靠性。最后，父母就子女的财产还具备一定的处分权。处分意味改变未成年子女的所有权，一般父母享有这种权利是严格受限制的，必须具备严格的程序保障才具备处分权。如德国就规定必须经过监护机关批准才能行使处分权。本文认为，我国父母的处分权应采取保证标准设立处分权，如果所有权发生转移能使子女明显受益，父母就可以行使支配权。

（二）被赡养权

在家庭模式下，年老及无生存能力的父母对成年子女来说具备被赡养权，有权要求成年子女进行物质及精神赡养，以满足自己的生活保障。这样，父母被赡养权是一种基于成年子女义务的相对权利。从具体内容来看，被赡养权主要有获得物质赡养权和获得精神赡养权两种。物质方面主要是提供经济基础、日常生活的照顾、疾病治疗等方面；精神方面主要涉及情感及主观心态方面，包括陪伴、看望、沟通等。总之，其包含物质及精神两方面共同赡养的内容。由于在现代社会条件下，老年社会的形成，物质和精神的此消彼长，精神赡养显得十分重要，对此，我国《老年人权益保障法》也从物质及精神两方面保障老年父母的被赡养权。[②]

---

① 柳经纬：《婚姻家庭与继承法》，厦门大学出版社，1999 年版，第 295 页。

② 第十三条："老年人养老以居家为基础，家庭成员应当尊重、关心和照料老年人。"第十四条："赡养人应当履行对老年人经济上供养、生活上照料和精神上慰藉的义务，照顾老年人的特殊需要。赡养人是指老年人的子女以及其他依法负有赡养义务的人。"第十八条："家庭成员应当关心老年人的精神需求，不得忽视、冷落老年人。与老年人分开居住的家庭成员，应当经常看望或者问候老年人。用人单位应当按照国家有关规定保障赡养人探亲休假的权利。"

1. 获得物质赡养权。获得物质赡养权是年老父母针对赡养义务人享有的获取物质和经济给付、生活照料及人身帮助上的权利。享有这方面的权利在于满足年老父母在生活上能得到基本满足，主要体现在：第一，在衣食住行方面享有基本生活资料保障。首先是生活费用保障，能满足年老父母的日常开销。第二，提供住所。年老父母安享晚年最重要的是物质基础，避风挡雨是最基本要求，我国法律还规定维修责任。第三，提供医疗费用。年老身体机能下降，诱发疾病的机率大大增加，老年人医疗费用是日常开支的重要部分，子女提供医疗费用也构成基本的保障。第四，满足年老父母因生理不足所需的生活照顾，满足生活照顾、家庭服务，使老年人的生活困难得以解决。

2. 获得精神赡养权。年老父母在老年时多会面临孤独，精神慰藉和心理满足是需要子女重点付出的，因而老年人享有独特的获得精神赡养的一种权利，属于子女赡养义务范畴。年老父母获得精神赡养保障主要体现在：第一，尊敬及孝顺年老父母，让老年人能感受到尊敬。第二，子女增加对年老父母的关注，表现在不断看望、问候、交流，培育家庭感情，使父母能感受家庭的温暖。第三，关注老年父母的心理健康程度，对有心理疾病的要采取治疗等对策。在我国获得精神赡养一直是明确的赡养义务，《老年人权益保障法》新增了精神赡养，引发了广泛的社会关注，有人将其称为“常回家看看”，表明国家不断重视老年人精神赡养权的保障。

三、夫妻平等权

家庭作为社会组成单元，在家庭领域实现平等是现代社会重要的因素。实现平等首先要实现家庭成员的性别平等，只有如此，才能实现平等的婚姻关系，家庭责任才能共同承担，家庭资源及机会才能实现平等享有。[①]首先，就婚姻关系来说，体现在婚姻状态、家庭决策及家庭地位都是平等的。其次，就家庭责任来说，家庭成员在家庭生活中都需要基于不同角色进行付出和承担，包括家务、劳动、养育等，但最终的家庭责任必须平等负担，以表现出家庭利益共同体的特征。最后，就家庭资源及机会来说，主要表现在家庭资源支配、发展机会都具备平等性。我国《婚姻法》从总则到第四章分别规定了男女平等的基本原则及在结婚、家庭关系、离婚方面的平等，尤其第三章中关于妇女的范围包括家庭所有女性，包括母亲、妻子、女儿等女家庭成员。从男女平等表现的方式来看，两性平等从形式到实质来构建平等。在家长制时代，男尊女卑导致家庭领域的两性权利具备极大差异，步入现代以来，男女平等的制度建设主要从两方面着手，首先是缔造平等的法律人格，使男女具备同等的法律地位。然后是基于男女在生理、心理等方面的差异，以此来进行实质平等建设。实质平等并不是造成男女差异，而在于扩大到结果平等来实现一种特别保护，进而实现社会系统的非歧视性。因此，我国《宪法》第四十八条女性平等原则，第四十九条是对妇女权益保障的强调，为实质平等提供了基础。同时，《妇女权益保障法》第七章（婚姻家庭权益）中首先确立男女平等的家庭权利，[②]然后分别规定在婚姻自主、家庭财产支配、生育及监护权方面具备平等地位，并且针对妇女生育及免受家庭暴力进行特别保护。现有以婚姻为主导的家庭关系中，夫妻是家庭缔造的关键性因素，夫妻平等是家庭内部结构平等的前提。总的来看，家庭之中夫妻平等主要涉及婚姻自主、家庭生活、家庭经济方面，主要包括妻子在法律地位、家庭生活、民事承担及财产支配方面与丈夫具备平等权。

---

① 吴帆：《家庭领域的性别平等与妇女发展：指标研究与应用》，《妇女研究论丛》2006 第 12 期。

② 《妇女权益保障法》第四十三条："国家保障妇女享有与男子平等的婚姻家庭权利。"

（一）法律地位平等权

法律地位平等权是指夫妻都具备平等的法律地位，基于主体平等而享有的不受歧视的一种权利。现代法律确立人人平等原则，每位公民都具备相同而独立的法律人格。在家庭中，每位家庭成员没有高低贵贱之分，男性也没有法外特权，都享有同等人格。在家长制时代，主要在于夫妻之间在主体上的不平等导致家庭呈现金字塔式的结构，人身依附性体现得非常明显，这样，人格、身份、财产方面都不再具备平等的缔造。因此，法律地位平等权是现代家庭需要首先确立的原则，当夫妻在法律地位上具备平等权，也就主导着家庭成员在家庭中具备相同的人格、身份及财产支配。这样，人身和财产都会摆脱束缚和依附，进而在家庭中发挥自主性，让家庭具备归属性。

（二）家庭生活平等权

夫妻家庭生活平等权意思是说妻子在家庭生活中的事务决策、安排及责任承担方面与丈夫具有相同的待遇，并不能因性别差异而享有特殊权利。妻子在生育决策、家务安排、子女教育等所有生活事务方面与丈夫具备相同的权利。[①] 首先，就生育决策来说，家庭的生育自由权主要体现在夫妻双方，生育的事项并不能完全按照男方的意见，作为女性的妻子在是否生育、生育数量、生育间隔方面与作为男性家庭成员的丈夫具备同等权利，并没有丈夫主导权；其次，就家务安排来说，涉及家庭职能、生活服务、劳动等方面与男性具备同等的权利义务，并不存在家务事应该由女性来做的义务，在这些方面家庭成员应该采取协商一致，并没有依靠权威进行指令或强迫的权利；第三，在子女方面，夫妻具备同等的权利义务，父

① ［挪威］阿斯布佐恩．艾德编，中国人权研究组织会翻译：《<世界人权宣言>：努力实现的共同标准》，四川人民出版社，2000 年版，第 339 页。

亲和母亲具备同等的教育权，在抚养方面也具备同等权利。

强调妻子家庭生活平等权旨在接轨现代权利平等原则，同时改变家长制遗留的男女的家庭行为模式，进而消除基于男女性别不同的尊卑与偏见，尤其在家庭领域内，家庭传统的男女定型任务及偏见在社会上普遍存在，虽然“男主外、女主内”属于家庭自由范畴，但某种程度也代表着对家庭性别的定型。这种定型实际上有种家长制残余思想，在权利本位的今天，强调夫妻之间的生活平等权可以从根本上将妇女从家务劳动中解放出来，以便与男性一道更多参与政治、经济、社会及文化活动。

（三）家庭民事及财产平等权

家庭民事及财产权平等权是指妻子在涉及家庭民事活动及财产关系发生方面与丈夫享有同等的权利，大致包括子女姓氏选择、职业选择、家庭投资、继承、收养、子女代理及家庭财产取得、支配方面享有与男性平等的权利。由于妻子具备民事权利能力，可以从事与自己民事行为能力相符合的家庭民事行为，这种行为对家庭内部具备平等效力，对外具备民事效果。例如子女姓氏的选择，女性也有同等决定权，职业选择方面有自主选择权，家庭投资具备同等决策权，收养决策具备同等决策权，享有同等的继承权，财产方面具备同等支配权。所谓“男主外、女主内”只是一般社会家庭的习惯模式，但这种模式本质上属于家庭自治范畴，夫妻并不一定要按照这样的“标准”来进行家庭生活。按夫妻平等的内在要求，夫妻之间可以协商出一种家庭民事及财产处理模式，只要是夫妻双方平等协商的结果，都应视为夫妻平等权的发挥。如果一方强迫另一方实施家庭民事及财产行为，对家庭外部可能会发生法律效力，但对家庭内部来说是破坏夫妻平等权的行为，应产生一种家庭内部的侵权责任。

四、子女身份权利

子女作为重要的家庭成员之一，即使成年子女成立新家但也属于父母一代的家庭成员，因此，作为子女在家庭中应享有独特的权利。按年龄届分，家庭子女分为未成年子女和成年子女。因为年龄及行为能力差异，未成年子女和成年子女享有不同的权利。未成年子女权利主要体现在受抚养权、受教育权、继承权，除此，还包括子女的继承权。

（一）未成年子女权

在家长制时代，家长（还包括不是家长的母亲）一般将未成年子女视为个人所有，未成年子女在人身及财产上都具备依附性。这种强调父母控制的权力实际上在维护利益的同时也将未成年子女置于家庭保护中，从而实现对未成年子女的保护。也就是说，在家长制时代，未成年子女存在一种权利，但是这种权利只涉及家庭外部，使之免于受外部的生命、健康危险，而在家庭内部基本毫无权利可言。父母的控制与依附关系导致未成年子女没有自主性。现代家庭模式应该是摆脱人身依附性的权利保障模式，由此未成年权利保障更多地强调父母对未成年子女的义务，如抚养义务、教育义务、监护义务等。抚养义务表现在未成年子女生命权、健康权、发展权方面，教育义务表现在对未成年子女的受教育权。从家庭的功能来看，未成年子女健康并获得教育的成长是人口延续的重要实现方式。未成年子女的基本生存及成长离不开父母的绝对支持，父母履行义务情况直接关系到未成年子女权利的实现程度。基于父母义务形成的抚养权与未成年子女权利的一致性，Bruce Hafen 建议将未成年子女从“个体传统”分离出去，采取家庭模式。这种家庭模式在于作为权利单位的家庭为未成年子女在社会中的个体角色打下基础，这种未成年子女权仅仅是身份权，作为一种受保护权并不是可以选择的权利。[①]对于未成年子女权的类型，争议很大。有学者归纳为基本保障权、教育活动权、特别保护权；有学者归纳为生存、发展、参与、保护四方面的权利；有学者认为涉及生存权和保护权。[②]就未成年子女来说，满足生存与身体机能成长是首要的，必须生命健康得以保障、衣食起居得以照顾。其次，未成年子女能得以发展，涉及在特定家庭、社会、国家条件下能得到满足个人潜质的全面发展。[③]受教育权是绝佳的发展机会，未成年子女在教育中得以成长是最基本的发展，同时，未成年子女发展还需要从心理、认知和面对社会及文化方面的发展，还表现在信息权、思想自由权、休息娱乐权、信仰自由权等。就我国宪法及法律表现来看，主要形成针对家庭、学校、社会及国家（司法）保护机制，保护的权益涉及生存、发展、受保护、参与四个方面，[④]注重德智体得以全方面发展。就未成年子女所处家庭身份角度，个人生存、发展主要体现在受抚养权及受教育权方面，通过父母抚养让未成年子女的生存、发展、受保护、参与权得以实现，同时赋予家庭的教育义务保障了未成年子女的认知发展权。因此，就家庭范围内来说，未成年子女的权利主要集中在受抚养权及受教育权。

首先，就受抚养权来说。我国《婚姻法》明确规定了子女享有父母赋予教育的权利。[⑤]未成年子女从出生到具备完全行为能力都不具备独立生活的能力，父母抚育是天然和最好的方式，法律确认父母的义务实际上就规定了未成年子女的受抚养权。在受抚养过程中，就是要注重对未成年子

---

① Bruce Hafen. Children's Liberation and the New Egalitarianism: Some Reservations about Abandoning Youth To Their Rights. Brigham young University Gaw Review. 1976: 605.

② 本文对未成年子女身份权利着重在于对家庭义务的研究，相关梳理重点参考学者王雪梅书，详见王雪梅:《未成年子女权论》，社会科学文献出版社，2005 年版。

③ 王雪梅:《未成年子女权论》，社会科学文献出版社，2005 年版，第 114 页。

④ 《未成年人保护法》第三条:“未成年人享有生存权、发展权、受保护权、参与权等权利，国家根据未成年人身心发展特点给予特殊、优先保护，保障未成年人的合法权益不受侵犯。”

⑤ 《婚姻法》第二十一条规定:“父母对子女有抚养教育的义务；子女对父母有赡养扶助的义务。”

女生命、健康、生活、安全、德智体发展等进行全方面的服务和保障，同时基于未成年子女生理、心理及认知存在的不足进行管理及教育。因此，未成年子女之于父母的受抚养权涉及生存和发展的方方面面。其次，就受教育权来说，未成年子女接受教育属基本权利，对父母来说必须让未成年子女具有上学的机会和条件，进而履行未成年子女的受教育权。[①]通过父母履行教育义务，未成年子女通过知识来获得成长和提升，因此受教育权也属于发展权范畴，不容缺失，尤其在现代社会条件下科学、知识、技能是社会进步的主导因素，未成年子女长大后要立足社会必须依赖学校的教育。所以，未成年子女的受教育权保障至关重要。最后，未成年子女还具备父母的财产继承权。结合我国《宪法》及《继承法》规定，[②]子女对父母财产具备继承权，并且继承基本按照血缘关系位阶的顺序，包括养子女和有扶养关系的继子女，并且胎儿也有条件地具备继承权。因此，未成年子女不会因受限的民事权利能力而不享有父母财产的法定财产权，这完全是基于家庭成员身份而产生的一种财产类型的权利。

（二）成年子女权

基于成年子女身份，除了对年老父母的赡养义务之外，其家庭权利主要是继承权。在前一小节论述了子女基于身份的继承权。一般来说，成年子女到了法定年龄之后都会选择通过婚姻成立家庭，但成立新家并不影响成年子女依然作为父母家庭的家庭成员，这种基于家庭的身份关系让成年

---

① 《教育法》第十八条："国家实行九年制义务教育制度。各级人民政府采取各种措施保障适龄儿童、少年就学。适龄儿童、少年的父母或者其他监护人以及有关社会组织和个人有义务使适龄儿童、少年接受并完成规定年限的义务教育。"

② 《宪法》第十三条第二款规定："国家依照法律规定保护公民的私有财产权和继承权。"《继承法》第十条："遗产按照下列顺序继承：第一顺序：配偶、子女、父母。第二顺序：兄弟姐妹、祖父母、外祖父母。继承开始后，由第一顺序继承人继承，第二顺序继承人不继承。没有第一顺序继承人继承的，由第二顺序继承人继承。"《继承法》第二十八条规定："遗产分割时，应当保留胎儿的继承份额，胎儿出生时是死体的，保留的份额按照法定继承办理。"

子女具备法定继承权。值得关注的是，目前广大农村地区，按照习惯，女儿外嫁一般不享有继承权，这种做法有违继承法，子女在继承方面享有同等的权利。这种习惯是传统家长制思想的残余，在继承方面强调男女平等更能体现女性的平等。另外，还可能存在着一种情况，如果成年子女是无或者限制民事行为能力的精神病人，那么就存在着监护关系。[①] 通常父母或其他家庭成员担任监护人会对这类成年子女进行人身监护，包括指定住所、生活扶养、财产监护、健康管理等保障其人身、财产权益。因此，对患有精神疾病的成年子女来说还享有受监护权。

① 《民法通则》第十六条："未成年人的父母是未成年人的监护人。未成年人的父母已经死亡或者没有监护能力的，由下列人员中有监护能力的人担任监护人：（一）祖父母、外祖父母；（二）兄、姐；（三）关系密切的其他亲属、朋友愿意承担监护责任，经未成年人的父、母的所在单位或者未成年人住所地的居民委员会、村民委员会同意的。"

第四章　家庭权保障的国家义务

第一节　国家承担家庭权保障义务的正当性

一、国家任务的要求

按普遍对现代国家的观念，国家成立的正当性源于每一位公民的认可与授权，[①]通过公民让渡部分权利的方式成为国家权力，目的在于保障社会意义上每位公民的权利。如果政治国家无法承担这一目的，那么公民可以撤回权利的让渡，代表国家的政府也就不具备人民赋权的正当性，具体表现为言论自由、游行示威、重建政权等。这种社会契约式观念让国家权力天然带有目的性，也可以说内在枷锁。虽然这种认可与授权是先验和抽象意义的，但不可否认国家在保障公民权利方面具备任务。这种任务要求国家权力运行合目的性，即确保公民权利保障。在目标或任务的指引下，国家权力只是手段，公民权利保障才是目的。国家保障任务的指引对国家权力进行内化规范，从而外化成一种国家义务，就公民权利保障的角度，国家在行使国家权力时应带有一种“枷锁”，这种枷锁包括合乎国家义务的权力范围与责任主体，也成为国家作为或不作为的基本依据。

我国不以自由主义建国，采取社会主义建国其实更加强调国家保障义务，不仅要求国家保障每位公民的基本权利，而且要求保障公民组成整体的利益形态。事实上，我国的社会主义原则更加注重集体主义构建，国家保障义务的履行注重整体方略的部署，如建国前三十年的公有制与计划经

① A John Simmons: Justification and Legitimacy, Essays on Rights and Obligations, Cambridge: Cambridge University Press, 2001: 23.

济实际上是为了建立整体性的国家框架，注重军事工业、重工业在于巩固民族对外独立，据此来保障中国公民在世界民族之林的基本生存权，这也是国家履行保障义务的一方面。同时在国家内部，国家权力作为手段的特征非常明显，目的在于“为人民服务”。我国社会历来注重家庭，长期以来我国形成丰富的家庭文化，每位公民的利益与家庭利益几乎关联一体，据此，我国国家机关要注重对作为共同体的家庭进行保障。家庭作为共同体是局部的和小范围的形态，如前所述，家庭实际上是公民利益得以最佳发挥的一种狭小共同体，国家完成对公民权利保障义务离不开对家庭作为共同体的保护，如果脱离对家庭的保障，实际上公民绝大多数个人权利都失去意义，家庭权实际上代表着公民权利。因此，国家具备保障家庭权的义务。在此基础上，国家具备构建家庭保护制度的权力，通过国家义务的履行来落实对家庭共同体的保护与给付，进而积极配置和调动家庭制度的发展与完善。同时，只有国家才具备保障全社会家庭的能力。基于国家权力的易侵害性与强大性，保障公民的家庭权，需要从尊重到保护形成保障家庭权的体系，据此享有消极义务和积极义务，即通过尊重家庭来履行国家消极义务，实现公民社会的家庭自治；通过积极保护与给付来履行国家积极义务，如通过国家给付来保障家庭的存续及功能；通过保护家庭的制度来保护家庭人格及财产权益。如果国家没有系统地构建保障公民社会家庭权的体系，整个公民权利保障很大程度会成为空洞的权利保障模式。总而言之，“人民民主”式的“人民契约”就要求作为根本法的宪法来正确规范“公民与国家”、“公民权利与国家权力”、“国家义务与国家权力”之间的关系。我国作为社会主义国家，以社会为本位的基本准则更要求国家对公民社会的家庭现象进行绝对保护。因此，国家对个体公民所存在的家庭共同体的权利保障具备法理及能力上的正当性。

二、只有国家才具备主体上的权利及行为能力

就法理意义来说，保障家庭权的义务主体必须同时具备权利及行为能力，权利能力意味着保障家庭权的一种资格，行为能力意味着保障家庭权的一种能力，两者缺一不可。首先，就权利能力来说。我国作为人民民主专政的社会主义国家，只有国家才有资格成为家庭权的保障主体。新中国成立以来，国家任务在于为中国公民创造一个良好的生存和发展空间，国家意味整个社会的全覆盖，社会主义某种程度就是集体主义，或整体主义，保证家庭权就是全中国社会之下的的家庭权益都要得到保障。全民族的家庭利益保障要实现实质正义。因此，从整体性来讲，只有国家才有资格保障公民的家庭权；其次，家庭作为社会存在的一种狭小的共同体概念，家庭权呈现一种独特的权利现象，介于个人权利与社会权利之间，或许有人会提出疑问，保障义务主体应包括国家与社会两方面，其实就家庭权的社会权属性来看，家庭虽然介于个人与社会之间，但家庭共同体概念就一般共同体的组织来说是极其狭小的单元，数量多、社会普遍意义存在，要求社会保障家庭权会存在资源不足及能力有限的问题，社会治理（尤其社会自治）可能会承担某些家庭权利的保障，如社会救济、社会帮扶、社会活动，但都不具备家庭权保障制度的生成能力，更无法系统构成家庭权保障。我国地大物博、家庭众多且差异性大，局部区域或某一层级可能会对家庭权保护起到积极因素，如局部的精准扶贫、劳动就业、教育、产业、户籍等政策可能有利于家庭利益，但作为集体主义构建式的中国来说，局部性调整不等于具备优化配置及其构建保障制度的能力，只有国家从整体层面推动才能实现家庭权利保障的系统化建设，才能有效推动家庭自治与家庭维护的制度。就全方位、全覆盖及系统性来说，只有国家才能实现家庭权的保障。尤其我国自新中国成立以来，作为后发型社会主义国家，社会自发的形态几乎被国家形态所笼罩，公民社会的形成路径与

成熟度远不如西方发达国家，要让社会承担起家庭权的保障任务，恐难以为继。同时，中国非常强调国家力量及制度建设来形成保障模式。因此，国家应当是家庭权保障的最终和实质性的义务主体。

第二节　家庭权国家保障义务的三层次论

在国家层面，德国与中国虽然国家性质不同，但有着非常多的相似之处，都注重国家主义，强调国家任务，并且都主张通过制度性保障功能的发挥来实现制度性福利。在家庭保护方面，都将其纳入基本权利的保障范畴。同时，德国的社会国原则某种程度与我国的社会主义原则有相似之处。因此，德国的国家主张对中国有借鉴意义。参照德国宪法上的基本权利理论，凡是基本权利都应该具备 subjektives Recht 和 Objektive Normen 两方面性质，[①]按中文翻译即“主观权利”和“客观规范”。家庭权作为其中之一，同样具备这方面的性质，从而决定国家首先要对家庭权履行尊重义务，就是不乱作为的一种“消极义务”，凡属于家庭自治范畴的权利一律要保持抑制的权力状态。同时，这两种性质并不只要求国家的消极义务，还需要国家的“积极义务”。通过国家履行“积极义务”为家庭权益实现提供更加广阔的保障空间。这种“积极义务”实际上就是国家保护与国家帮扶，保障家庭本身得以维持以及让家庭权益不断发展。关于国家义务的层次性理论，Henry Shue（中文译为亨利·舒）较早就提出这一理论，其对基本权利进行自由权和社会权的分类，以此为基础形成不同的国家义务，得出的结论是所有的基本权利都需要国家承担不同的义务，权利与国家义务不是“一对一”，而是“一对多”的关系。Henry Shue 将国家

① 参见 Robert ? Alexy：《作为主观权利与客观规范之基本权》，程明修译，《宪政时代》第 24 卷第 4 期。

义务分成三种：第一，avoid 型义务，即避免剥夺的义务。第二，protect 型义务，即保护的义务。第三，provide 型义务，即提供义务。[①]挪威学者 Asborn Eide（中文译为阿斯布佐恩·艾德）在 Henry Shue 的基础上进一步阐述了这三个层次的国家义务：第一，avoid 型义务就是尊重个人自由的意愿，并充分尊重个人拥有的资源、知识及个人行动等一系列个人可以满足自己需求的情况。第二，protect 型义务是个体公民不受外部个人和组织侵犯的一种国家强力维护。第三，provide 型义务包括两方面要求。一方面是 facilitate，也就是促进义务，具体来说就是国家积极增加公民各种享受性的机会；另一方面是 provide，也就是提供义务，当上述义务都没有实现再提供这样一种可实现机会。[②]Asborn Eide 对国家义务的进一步阐释获得挪威政府认可并得到一定采纳。日本学者大沼保昭则不同意上述二位的三层次论，而是注重国家义务的四层次论。他认为三层次论具备局限性，没有详细地指明国家促进公民权利发展的义务，应该在 provide 的基础上形成满足和促进两种义务。[③]路易斯·亨金也主张权利先于宪法而客观存在，国家对宪法所列举的权利进行保护只是所有国家义务中的一部分。[④]在德国第一次堕胎案判决中，法官认为从宪法所要保障的权利来讲，国家应该具备保护性义务。[⑤]德国学者威廉·冯·洪堡认为，社会国与自由主义所主张的国家任务不同，以前的“放任”“不干涉”“守夜人”等保守义务应转向对公民社会全方面照顾，公民的生老病死都应该形成国家义务。[⑥]同时，

① See Henry Shue, Basic Rights: Subsistence, Affluence and U.S. Foreign Policy, Princeton University Press, 1996: 52-53.

② See Asborn Eide, “The Human Right to Adequate Food and Freedom from Hunger”, in The Right to Food: InTheory and Practice, by Food and Agriculture Organization of the United States, Rome, 1998: 4.

③ 参见［日］大沼保昭：《人权、国家与文明》，王志安译，三联书店，2003 年版，第 217 页。

④ 参见［美］路易斯 . 亨金、阿尔伯特、J. 罗森塔尔编：《宪政与人权》，郑戈等译，呈联书店，1996 年版，第 512 页。

⑤ Dieter Grimm , The Protective Function of the State, Georg Nolte,European and US Constitutionalism, Cambridge University Press, 2005: 137,145.

⑥ ［德］威廉 . 冯 . 洪堡：《论国家的作用》，林荣远、冯兴元译，中国社会科学出版社，1998 年版，第 8 页。

另一位德国学者 Christian Starck 认为，国家保护义务是国家本身对公民社会中的国民的权益及其制度进行保护的一种义务，由于基本权利具备受益性功能，因此国家具备一定的给付义务。[①]到目前为止，德国宪法学界普遍赞同国家的义务性。按照分析，国家保护义务在广义上是指国家应该保障宪法权利所指向的“客观价值秩序”的义务，包括组织与程序性、制度性与其它各种排除妨碍的保障义务。狭义的仅指国家应该保障的权利免受第三人侵害的义务。

德国等国家关于国家义务的研究对我国学者影响很大。韩大元教授认为国家义务可分为尊重与保障两方面义务，尊重是自由权保障的前提。[②]张翔认为应分为消极、保护及给付三种义务。[③]龚向和教授认为类型化应结合中外研究取长补短、博采众长。Asborn Eide 阐述的“实现义务”太过宽泛，应给于具体的定义，而张翔教授的三分法中的消极义务容易与“受益功能”消极弄混。同时，大沼保昭的“促进义务”实际上已经囊括尊重与保护义务，无需再细化，宜将国家义务划分为尊重、保护与给付义务三层次。[④]同时，龚向和教授还从民生保障的角度对国家义务进行了阐述，民生保障需要依靠国家，如果国家更多的是权力运用则会形成一种权力追求，只有外化成义务才可能实现。具体上，国家义务可以分为尊重、保护、给付三种，其中给付义务具备最高层次性。[⑤]学者蒋银华认为国家义务的作用是调和矛盾，从而使不同主体得以表达，最终形成一种优良的公民社会。具体上，国家义务可分为尊重、保护、促进及实现四种义务。[⑥]

本文认为，就家庭权的性质、功能与国家义务三者之间形成的关系来

---

① ［德］Christian ? Starck:《基本巧利的保护义务》，李建良译，载 Christian ? Starck;《法学、宪法法院审判权与基本权利》，元照出版公司，2006 年版，第 411 页。

② 韩大元:《宪法文本中“人权条款”的规范分析》，《法学家》2004 年第 4 期。

③ 参见张翔:《基本权利的规范构建》，高等教育出版社，2008 年版，第 45 页。

④ 参见龚向和:《理想与现实：基本权利可诉性程度研究》，《法商研究》2009 年第 4 期。

⑤ 龚向和:《论民生保障的国家义务》，《法学论坛》2013 年第 3 期。

⑥ 蒋银华:《论国家义务的基本内涵》，《广州大学学报（社会科学版）》2010 年第 5 期。

说，Asborn Eide 阐述的三种国家义务可以完整地反映在家庭权保障问题中来，抽象地说，就是国家履行家庭权保障义务可以分三个层次实现。首先，尊重家庭自治权。如尊重家庭生活自主权、尊重家庭经济产业权、尊重组建家庭方面的自主权等。其次，保障家庭及家庭成员享有的教育、就业、生活、生育等不受侵犯的国家义务。如采取妥善制度改变家庭身份带来的就业、教育、社保歧视。第三，通过制度保障公民家庭权方面的利益，当上述义务都不足以保障家庭权益，国家应向相关家庭提供倾斜政策和帮扶，以保障家庭成员的生命与尊严。虽然家庭权具备宪法权利的双重属性，但我们应基于不同的功能来行驶相应的义务，对于整个国家来说，国家权力运行以及国家任务都必须着力缔造权利的三种功能，只有这样才能具体分配不同的国家义务。

第三节　家庭权的国家尊重义务

按上文对国家义务的分析，国家尊重义务作为首要义务已达成共识。家庭权作为一种基本权利形态，国家尊重家庭权是首要的，也是最易实现的一种义务，与家庭权的防御权功能相对应。从宪法的发生学来讲，早期宪法的产生主要基于防御性功能，防止国家对公民权利的侵害。对于家庭权保障来说，基于家庭权的防御权功能国家首先不得违背宪法原则来限制和侵害公民的家庭权。从宪法基本权利来看，防御性依然是首要的功能。最初权利的核心任务在于对抗公权力，至此产生基本权利的防御功能。”[①] 从宪法实践来看，1958 年的“Luth”（路特）案最先出现“防御权”及其功能概念。[②] 总而言之，权利的防御权在于防止国家权力的侵害，从而创

① 李震山：《“人性尊严”与人权保障》，元照出版公司，2001 年版，第 21 页。
② 参见吴庚：《宪法的解释与适用》，三民书局，2004 年版，第 89 页。

设公民的“自由空间”，防御权可以从以下三方面来解释：第一，防御权可能依附于权利，但并非一种权利，而是“权能”中的一项，即权威和能力的一方面。因此，防御性与制度、程序保障等一起构成权能群体。第二，防御权主体仅仅指国家，并非其它任何组织和个人，要求国家消极不作为的歉抑性。第三，从基本权利的基本性质来看，防御权作为“主观权利”，当国家对公民权利的防御性产生侵害之后，公民据此可以享有请求权。

一、防御权功能是家庭权的首要功能

家庭权作为一项基本权利，其本身具备防御权功能，来源于人权保障的内在需要及功能维护。可以说，家庭权直接关系到人类社会的全面发展，所以首先要加强家庭权的防御性功能。家庭权具备防御性功能所要保护的法益，主要表现在国家公权力侵害家庭权益时的一种反作用。① 也只有加强家庭权的防御性功能，才能保障组建家庭、家庭自治方面的权利。家庭权的防御权功能根本表现是针对国家权力的不信任，“一切权力都容易被腐蚀和被滥用，作为一种不变的定律，通常有权力的人都会利用权力直到有界限才会罢休。”②“绝对性的权力会导致绝对腐败。”③不光在理论上，实践层面也非常注重家庭权的防御性功能缔造，通过立宪来强调家庭权的权利属性表明家庭权益上升到前所未有的高度，从而强化了国家针对家庭权的义务。从18世纪开始，宪法确立起自由权发挥的人权体系，产生大量以自由权为核心的“基本权利”条款。例如与我国保障家庭权非常相似的德国，其对家庭权的规范主要经历了两个阶段：第一阶段主要是从上世纪20年代的魏玛宪法开始，对家庭权作出了初步规定。其第一百一十九

① 许育典：《宪法》，元照出版公司，2006年版，第200页。
② ［法］孟德斯鸠：《论法的精神》（上册），张雁深译，商务印书馆，1961年版，第154页。
③ ［英］阿克顿：《自由与权力》，侯健等译，商务印书馆，2001年版，第342-343页。

条规定："婚姻是家族、民族生命及生存的基础，要受到宪法的特别保护，并要坚持两性平等，家族及社会的改良都是国家和公共团体的一种任务，但子女众多的家庭应该享受一定的扶助以减轻家庭负担。产妇要得到国家保护及扶助。"第一百二十条规定："子女的教育，都要使其得到生理上、心理上及社会上的美德，这作为父母的一项自然权利和最高义务。对子女的教育，需要有政治机关进行监督。"从魏玛宪法的相关条款可以看出，其家庭权功能及两性平等功能体现得非常明显，同时强调家庭权属于自由应给予的保护，即作为一种家庭自治范畴应享有的尊重，据此构建起国家保护即给付义务，可以说，这里针对家庭的最高立法是历史的里程碑。第二阶段主要是从1955年开始实行的《基本法》。其明确将家庭权归入基本权利一章，主要表现在第六条。[①] 应该说1955年的《基本法》将家庭纳入基本权利一章是较魏玛宪法最大的不同，明显加强了家庭权的基本权利功能，尤其是针对家庭权方面的"特别保护"可以得出家庭权的基本权属性得以更加强化，可以视为家庭权在立法上的最大进步。总之，就家庭权的基本属性来说，防御权功能的指向在于防止国家的权力侵害。

既然家庭权的防御权功能作为首先的和最基本的功能，也就是说家庭权利在现代变迁过程中依然没有产生性质上的变化，仍然是家庭权的一种本质取向性，并且在功能增多的背景下首要性要有所强化，芦部信喜据此认为在现代社会条件下，防御权功能的地位不减反增。[②] 按我国宪法规定，其第四十九条明确家庭权利保护，虽然不能等同于德国的基本权利属性，但本身具备防御权功能的事实不可否认。家庭作为个体发挥的共同体，本身应脱离出一种自由权属性，就是家庭自治权。同时，作为社会主义建国

① 其第六条规定："一、婚姻和家庭受国家特别的保护。二、抚养、教育子女既是父母的自然权利，也是最高义务，这种行为受国家监督。三、只有在抚养人不能尽抚养义务时，或者其它原因导致子女被弃养时，才能根据法律确立子女与家庭的分离。四、所有母亲都具备请求社会和国家保护、照顾的权利。五、非婚生子女应与婚生子女享有同等的地位和权利。"

② ［日］芦部信喜：《宪法》，林来梵译，北京大学出版社，2007年版，第100页。

准则，家庭受国家保护显然要对国家提出更高的要求，一方面要保障家庭不受他人和社会的破坏，另一方面要发挥良善的权力形态，即国家权力自身不得侵害家庭的权利。不仅如此，2004年宪法修正案在第三十三条第三款增加了人权条款，进一步强化了权利的防御性，“尊重”明示要求国家保持权力歉抑，即一种“消极的不作为”。“保障”在宪法条款中动词使用，从内涵上则要求履行双重义务，尤其是积极意义上的。同时，我国“人权”保障条款作为宪法基本权利保障的概括性条款，当然应该约束所有的宪法基本权利条款。正因为如此，我国家庭权保障在要求国家“积极作为”的基础上，还要求重视家庭权本身具备的防御性功能地位，让防御性功能在我国宪法权利功能体系中占据首要的功能地位。

二、家庭权国家尊重义务的内容

我国建立社会主义市场经济后，家庭更多地表现出政治、经济、文化（教育）功能，家庭人员的人身权、家庭财产权等各方面权利更加凸显及系统化，长期以来的国家主义形成以权力为主的导向，很容易造成公权对私权的侵犯。在这种背景下，改革开放不是削弱国家的作用及任务，某种程度上是规范权力，这就要求国家在制定家庭方面法律法规时，应充分尊重家庭自主权。包括尊重公民组建家庭、家庭自治及保障人身财产等。根据长期行政主导的社会发展态势，过去强势的权力手段在新时期的运用将成为权利的灾难，所以应特别强调对家庭权的尊重义务。如公民在组建家庭、家庭事务等方面的自由，政府不能随意通过行政立法、决策等行为作出限制。总的来说，“公民个人权利的起点也是终点，也是权力的目的。”① 因此可以说家庭权本身具备的防御权功能不仅为权力划分了边界，也为国家任务作出了安排。我国宪法上采取的人权保障条款是家庭权尊

① 吴庚：《宪法的解释与适用》，三民书局，2004年版，第103页。

重义务的直接法规范，树立家庭权的根本价值之一在于改变惯有的权力强势，尤其是权力的自我发挥。①通过考察我国家庭权的保障现状，本文认为，尊重义务主要体现在家庭自由权实现方面。

首先，尊重组建家庭方面的自主权。组建家庭自由强调公民自身对家庭组建的自我意志的实现。家庭权本身蕴含着公民能按自我意志来构建家庭的自由，并不受任何外力的控制或干扰。就家庭权本身来说，组建家庭是家庭权成立的基础，如果受到强权或强制的安排，这一定不属于家庭权利范畴。立法者对组建家庭方面的自主不能随意限制，必须基于正当程序和理由。除非是为了更好地维护生育及伦理道德。就组建家庭方面的自由权来说，国家主要是尊重婚姻自主的权利，尊重通过个人意思结婚组建家庭，同时尊重通过离婚解散家庭的权利；尊重家庭夫妻之间的生育权，有效地限制只能依据计划生育的国家政策限制；尊重家庭吸收新成员的自主权，最典型的是收养权，法律对收养权条件及资格限制只能基于儿童身心及财产产生收养的真实意涵，否则不能随便剥夺一个人的收养权。

其次，尊重家庭自治方面的自由权。国家尊重保持家庭存续方面的自由权主要体现在家庭自治权，也就是国家充分尊重家庭内部事务，主要体现在家庭共同生活权以及涉及家庭财产转移的继承权。首先，就家庭共同生活权来说，国家不能介入干预家庭住所、日常家务、照顾子女、安排业余生活、家庭收入与支出、财产安排等方面的家庭自由；其次，现有的继承权不是以家庭为本位的财产转移，更多是个人财产的自由支配本位，但不管是个人本位还是家庭本位，财产转移应体现家庭人员意志，家庭人员对所处的财产具备支配权，国家没有这方面的干预权。除此，国家还要尊重维护家庭利益方面的自由权。就政治权利来说，主要体现在国家尊重家庭成员的政治平等权，每个公民都不能应所处家庭的经济、户籍等方面的

---

① 参见黄越钦：《宪法中工作权之意义暨其演进》，《法令月刊》2001年第10期。

差异而被差别对待，国家要平等地尊重及对待每个家庭公民及无家庭公民的政治权利，只要在符合条件的情况下，每个公民的选举权、被选举及担任国家公职方面都应平等地被国家尊重。其次，就经济受益权来说，国家应充分尊重家庭的财产收入权利，在投资、劳动、承包经营、交易等涉及家庭经济收益方面得到不公平的对待，应受到同样的政策限制与优待，不能基于家庭或个人出生的不同而受歧视或享受特权。

三、国家尊重家庭权义务的具体履行机关

（一）国家立法机关

在三权分立的政权组织形式下，“立法机关虽然由人民选举产生，但不具备最高性，必须受制于宪法，也就意味着必须尊重公民权利，”相比之下，我国的人民代表大会及其委员会虽作为立法机关，但具备最高权力性质，这种权力直接来源并反映于人民大众，这样的国家立法机关应直接为人民发声，具体表现在对公民基本权利的保护进行法律制度的创造及构建。这样一来，中西方国家立法机关虽然存在差异，但都对其拥有一种立法上的义务。因此，家庭权作为一项宪法的基本权利，首先要求的和约束的是国家立法机关，要求在立法上对家庭权加以保障。由于家庭权的首要功能是防御权功能，国家立法机关首先要做的是在立法上充分尊重家庭权，并考虑如何立法形成更好的家庭权保障。因此，立法机关对家庭权的尊重义务变成最起码的要求，首先要求立法机关在立法过程中不得违反家庭权保障要求。1789 年，麦迪逊针对权利法案就指出，立法行为是最应该被预防的。[①] 综上所述，国家立法机关作为国家法律的创造者，首要的义务是在立法过程中尊重公民的家庭权，不得制定出违反家庭权保障精神的

① 参见［美］伯纳德．施瓦茨：《美国法律史》，王章等译，中国政法大学出版社，1990 年版，第 35 页。

法律、法规等立法文件。因此，国家履行对家庭权的尊重义务，从具体国家机关来说，首先是国家立法机关。

当然，国家立法机关对家庭权的尊重义务并不是要求其不得制定任何关于家庭权边界的法律性文件，而是要按宪法原则及正当程序对家庭权的边界及保障方式进行界定，以在形式上和实质上符合家庭权保障的宪法规范。另一方面，如果国家立法机关并没有按照实质及形式的要求对家庭权的边界及保障方式进行限定，则可以看作是违宪，也即违背了对家庭权的尊重。可以得出，针对国家立法机关的尊重并不是要求对所有问题都坐视不管，而是不得实施违背家庭权宪法保障的随意性立法限制问题。

（二）国家行政机关

由于行政机关本身职权及行政方式具备多样性和复杂性，行政机关作为家庭权保障的尊重义务的主体又可以分为多个部门，所以真正的主体不能完全确立。因此，国家行政机关针对家庭权的尊重义务不能一概而论，应分情况讨论。

首先，现代国家行政机关都承担着行政立法职能，我国行政机关广泛存在着制定行政法规、规章等其它规范性文件的行政权能，这样的立法权能与国家立法机关相类似，只是制定带有强制性的规范性文件效力及位阶有不同，但总体上与国家立法机关尊重家庭权的义务相同，要求在行政立法过程中不得违背宪法及法律的要求来限制家庭权，并对其科以比国家立法机关更加严苛的尊重义务，因为国家立法机关通过法律等立法文件已经形成了一次关于家庭权的边界及保障方式的设定，二次设定极有可能触及家庭权保障范围。具体来说，行政立法可以分三种情况：第一，行政机关根据相关立法制定相关执行性规范时，这类规范容易造成对家庭权的不尊重和侵害，例如违法征收家庭财产只属于违法，直接构成违反尊重义务；第二，行政机关如果按照法律的授权对家庭权边界和保障方式进行设定，这种情形下受限制的家庭权只能主张国家立法机关违背家庭权的尊重义务，而不应主张行政机关违背尊重义务。这样一来，当行政机关的行政立法涉嫌违反家庭权的尊重义务时，应首先明确规范与规范之间的效力位阶问题，若下位规范符合立法要求，则应该再进行上位法律规范审查，直至违宪审查；如果下位规范违反上位法律规范，此时就应追究行政机关违反尊重义务的责任。第三，当国家行政机关在没有任何授权以及在没有法律依据的情况下采取的行政立法则可能对家庭权造成违宪及违法的限制或者侵犯。

其次，国家行政机关作为管理和执行机关，广泛存在着执法、适法及释法等复杂工作，行政机关应该正确理解家庭权边界和保障范围，应准确理解家庭权在宪法上、法律规范层面的保护条款。如果在行政管理及执法过程中机械、僵化地理解法律条款，很可能落入执法的随意性与僵化性，不利于法治政府建设与权利的保障，典型的案例如夫妻在家看黄碟受行政处罚案。因此，行政机关应正确把握家庭权保障原则、边界及方式，否则，很容易对公民家庭权带来限制和侵害，从而构成行政机关违反尊重家庭权的义务。

（三）国家司法机关

国家司法机关行使国家司法裁判权，但也承担着对家庭权的尊重义务。在英、美、法等判例法国家，普遍遵从着“先例”制度，法官对法律具备普遍解释权，所谓法律的续造更起到“造法”的作用，甚至罗斯福总统就认为：“在美利坚，立法者通常是法官们，同时他们也为法律的制定提供了指导。”[①]我国司法机关虽然不以遵从“先例”为原则，但在广泛的法律证成、适用即推理过程中离不开法律解释和先例指导，因此，法院在

① ［美］詹姆斯·M·伯恩斯等：《民主政府》，陆震纶等译，中国社会科学文献出版社，1996年版，第689页。

判决时适用事实认定及法律适用过程极有可能超越家庭权保障构成对家庭权边界的侵犯，如夫妻共同财产的认定，子女权益、父母权益保障极有可能对家庭本身带来侵害，所以司法机关也是尊重家庭权的义务主体，要求法院在司法裁判的过程中不得作出违背家庭权保障的法律解释及适用。并且从实然情况来看，司法解释和指导案例具备立法解释功能和先例作用，难免存在着这样一个问题，如果发布的司法解释对公民的家庭权保障带来不尊重和侵犯，下级法院适用司法解释后承担责任的主体归谁？本文认为，具体裁判机关和发布解释的机关都存在违背尊重义务。就具体裁判机关来说，具体案件的裁判应该遵从宪法及法律法规的原则和内容，在事实和规范之间存在不能涵摄，应该发挥职业方法寻求法律规范，而不是一味机械性地适用司法解释；就发布司法解释的机关来说，在实然层面这种解释已然成为可依据的规范条件，应该承担违反尊重义务的责任；就地方性司法机关来说，上级对下级法院的案例指导一般不具备先例性质，并且都不具备实然的法律解释权，所以不存在侵害公民家庭权的情况，但如果这个司法机关在具体案例中解法和适法违反尊重义务，按法定程序可以撤销判决。因此，我国司法机关应承担家庭权的尊重义务。

第四节　家庭权保障的国家给付义务

家庭权虽属于个人基本权利，但随着经济和社会的发展，单一的防御性功能缔造已不能适应社会发展要求。从西方社会权发展的状况来看，权利单纯依靠国家的“尊重”或“不作为”在现代国家发展中作用明显不够，在满足了国家尊重和不乱干预的前提条件下，家庭权保障还要依赖于国家积极义务的履行，通过国家任务的方式促进家庭权益日益实现和不断提升，让家庭共同体的自治得以充分保障，以此为基础不断使公民个人权利权益得以发展。日本法学家大须贺明就曾指出，随着社会发展，公民自由权已具备社会权属性。①。正因为权利的变化，传统背景下的自由权要求与现代社会的基准显然不能同日而语，这种背景变化和时代要求的情况下，家庭权的内涵及保障要求不断变化，尤其是家庭权的开放性与系统性导致与宪法上的经济、文化、社会权利等联系不断密切，家庭权显然成为一种综合性权利系统，就社会主义公有制的目的——共同富裕来说，这无疑让家庭权保障对国家提出更高的要求，即仰赖于国家履行给付义务。具体要求是，国家应主动介入家庭权益保障，提升全社会家庭承担能力，这一过程伴随着“社会主义”理念步入公民社会。因此，本节将从公民社会“社会主义”或“社会福利”入手，对家庭权保障的国家给付义务进行探讨。

一、国家给付义务的起点：“社会主义”原则及具体化

自十九世纪开始，德国就针对社会开展社会福利建设，开始的初衷在于反对绝对的君主专制，要求公民社会具备社会权。相比于自由、共和与分权的英美等国家，德国的社会福利原则具有自己的历史背景和宪法基础理论。② 也就是说，需要通过法治来规范国家权力，通过制度，应然地实现公民在政治、经济及文化方面的自由。进入二十世纪以来，《魏玛宪法》将经济、社会权利入宪，虽然依然没有摆脱一种法实证主义，但明显在国家理念上增加了一种国家任务，国家针对社会发展的福利理念就此开展。自第二次世界大战之后，战争对公民社会带来巨大的创伤，德国《基本法》的制造者也深刻体会到这种创伤，因此首次理性地将“社会福利理论”归为宪法的基本原则，其第二十条明确规定联邦德国是一个民主和

① ［日］大须贺明：《生存权论》，林浩译，法律出版社 2001 年版，第 28 页。

② See Michaelis，Die Deutschen and ihr Rechtsstaat，1980.

社会的国家，关于社会福利的内容见诸于基本法的多个条文中。通过分析德国基本法可知，社会福利原则主要是针对公民社会发展的一种保障，大致要求是通过制度、税款、司法、行政福利等方式惠及于社会公民的生存和发展，并且对公民的请求具备广泛的责任。① 参照相关学者的研究，社会福利原则一般包括两方面的标准：首先是社会安全，主要要求国家对公民生存的基本条件，负有避免和减少经济困难的义务。如，但公民存在年老、失业、疾病、残疾、生育等弱势情况时，国家应该提供社会保障；为家庭经济困难的公民提供必要的生存物品；对最低生活标准的公民及家庭提供社会救济等。其次是社会正义，当因个体差异、资源分配不均、财富占有不同、受教育权不平等、家庭条件不相同等因素产生社会不平等时，国家必须努力调和这种差异的不平等。② 通过国家的社会福利建设来调和实现社会正义，以政治国家的高度来照顾公民社会的利益，以全体公民的公平负担来实现社会平衡，但并不是微观层面针对某个人和团体，而在于国家制度和政策来设定一系列供需关系，征税的同时给弱势群体以给付。”③ 因此，需要国家在财税上注重分配并以机会平等的方式来构建公平的社会体系。当经济和社会的某一个领域存在实质性差异，国家有衡平的义务。总的来说，宪法基本权利的保障需要通过社会福利原则来要求国家承担任务与义务。虽然宪法基本权利在给付标准、条件、范围、方式和内容上都需要立法形成，但无疑对立法机关等国家机关提出了社会福利原则的要求。

建国以来，经历三大改造后，中国作为后发的民族独立国家，改革开放前三十年的“社会主义”实质上是一种“国家主义”，其基本任务从国家层面建构起民族独立及基本发展的国家保护框架，这种“国家主义”也

① 参见法治斌、董保城：《宪法新论》，元照出版公司，2005 年版，第 83 页。

② 参见法治斌、董保城：《宪法新论》，元照出版公司，2005 年版，第 83 页。

③ 参见许育典：《宪法》，元照出版公司，2006 年版，第 79 页。

可称之为“发展主义”，整个民族采取集体主义式集中发展，国家集中发展重工业、军事工业、基础设施建设都在于为本国人民提供一个安居乐业的保护空间，这个时期的“社会主义”不是针对公民社会如何发展的一种制度，而是为构建一个公民社会做前提准备，通过国家发展来缔造一种适合中国人民生产和发展的公民社会。改革开放之后，国家的保护框架基本形成，中国的公民社会具备了一定的成长条件，近几十年来，随着社会主义市场经济的不断确立和发展，中国的公民社会不断壮大和成长，这个时候“社会主义”不再满足于国家集中式的保护框架构建，而在于重构和发展一种“社会所有制”。因此，现代的“社会主义”实际上要偏重于公民社会的本位，注重社会福利等社会保障，使公民社会中每个中国公民都走向富裕，也是共同富裕的一种追求。因此，现代我国的“社会主义”原则与北欧、德国的社会福利原则具备相似性，虽然上升到国家层面的国家性质不一，但针对公民社会的标准和要求基本一致。因此，我国目前的“社会主义”要求国家除了给公民社会创造条件及提供保护空间之外，国家还应该为公民社会提供社会福利原则。因此，新时代条件下，“社会主义”要求国家对社会安全、正义及福祉作出要求。首先，社会主义国家必须为公民社会中陷入困境的公民及家庭（人民）提供必要救济；其次，需要保障基于家庭的机会平等；第三，社会主义国家必须为公民包含社会解除和衡平矛盾，构建安全和公平的秩序；第四，社会主义原则的惠及公民包含社会中所有公民及家庭。综上所述，家庭权作为一项基本权利，在公民社会中弱势家庭的生存和发展是国家首要实现的任务。当然，对个体性的家庭来说，国家给付只是辅助的，国家救济不是包办一切。总的说来，国家只起到一种帮扶和衡平的作用，尤其是国家整体层面还不发达和完善时，虽然有时候能起主导作用，但绝大部分只是次要的、指向性的，针对家庭权益的救济、帮扶并不是针对家庭权本身，而在于为家庭保障提供更广阔的空间。

二、国家给付义务的内容

（一）家庭权指向上的义务

家庭权中的国家给付义务实际上是指国家针对家庭应承担的授益性要求。通过惠及利益对个人权利及家庭功能给予完整的保障。国家通过对家庭的给付义务实现对家庭权的广泛保障。从微观层面来说，个人最基本的权利，诸如儿童成长权、教育权以及年老之人受保障权等人权系列能得到最低和最充分的保障；从宏观层面来说，国家对于家庭的给付义务能使家庭共同体的功能得以维护，这也是家庭成为国家给付义务对象的最大原因。从这个角度来看，我们可以充分得出国家给付义务的家庭权利指向具备多维度，因为家庭权利的系统性，国家给付义务的构造必然是多元的，诸如利益、资格、自由，[①]将家庭外部的社会保障权及税收优惠权纳入家庭存续方面的权利范畴，因为家庭涉及的人身、财产、生育、养育、抚养、教育等利益太过广泛，也就是说国家给付义务会涉及家庭组建方面、家庭存续及调整家庭成员亲属关系的权利，有必要单独成立家庭化的社会保障权和税收优惠权来落实国家给付义务，但凡涉及家庭生育、教育、保障、情爱、经济功能维护的都必须赋予国家给付义务。

（二）国家保障家庭权之给付义务的内容

家庭权保障中的国家给付义务属于国家应主动履行的积极义务，这种主动性的积极义务需要从直接和间接意义上实现。从直接意义上讲，主要是物质性给付，让受益人直接获取给付而受益；从间接意义上讲，立法形成是最根本的，据此形成制度性保障，只要符合制度上主体、内容及程序要求，就可以从中获取给付。同时，从服务意义上形成的辅助、引导可以

---

① 汪太贤：《论法律权利的构造》，《政治与法律》，1999年第5期。

形成给付。据此，国家给付义务的内容大致可以分为以下三种。

1. 制度性给付。制度性给付是指通过法律法规等形成制度来给予家庭给付义务的制度保障。制度性给付是每一项宪法基本权利实现的基础条件，没有通过法律等形成制度的保护都是一纸空文。家庭权保障中，制度性给付是最根本的给付内容，同时也是其它给付内容的基础。据此，国家应该首先完成制度基础，通过制度规范达成家庭权保障的基本意向。例如在上世纪三十年代的社会萧条导致无数家庭流离失所，美国联邦政府及时制定出《社会保障法》，以此保障基本生活条件。从我国目前家庭的实际情况来看，在制度层面确立给付对象、方式、程序及标准十分迫切。由于我国建立社会主义制度以来，几乎所有的政治、经济、文化及社会制度都由国家主导推动，家庭权保障的制度性给付不可避免地需要国家的主导和引导。鉴于目前我国宪法保障机制还不成熟，需要成文性的“部门法的形成以具体化”的方式来进行，因此，国家立法机关应启动民法典编纂程序，并依宪法和法律的授权来构建相关社会保障及家庭救济制度，并让家庭的主体地位得到民法文本的确认，从而让家庭权更加具体。在给付方面，针对家庭权保障的专门制度大致需要变革不平等的户籍制度、改善社会保障制度、改革教育医疗制度等。

2. 物质性给付。物质性给付主要针对家庭经济、家庭人员等家庭条件不足造成的弱势家庭，国家采取直接给付的措施。主要有金钱和物质发放、费用优惠与减免、无偿提供资源等，尤其是针对处于贫困状态的家庭，国家应给与基本的物质供给。最典型如精准扶贫政策中的物质给付。大体上看，精准扶贫主要针对不同的农村家庭及其状况实施的救济措施。这种精细化到具体个体的给付主要针对过去的粗放给付制度。长期以来，国家针对农村贫困家庭的救济出现差异及低效问题，物质性救济没有彻底深入到需要被救济家庭，由此产生出以贫困家庭为导向的救济制度。以此可以得出，社会主义国家主导的救济本身在于全民国家性本质，物质性救济是直接的物质供应或优惠。在具体安排上，行政机关无疑承担着最大的物质性给付内容。因此，我国政府对家庭的物质给付多以“行政给付”的方式来完成。就目前看来，形成的制度性给付并没有给行政机关制定物质给付的具体标准，由于我国的治国模式由中国共产党领导形成，行政机关层面的物质给付直接与党的扶贫政策有关，党的方略直接影响“给付行政”的强度与力度，“精准扶贫”政策要求政府给付的标准、范围、力度较以前有很大的提升，但同时“给付行政”牵涉到国家财政能力，也就是物质性给付受制于我国财力的客观因素。除此，物质性给付除了直接的物质、经济给付之外，还涉及家庭联产承包责任制中国家的税收减免、个体家庭经营户的优惠福利及农民工家庭的优惠等。

3. 服务性给付。我国社会主义市场经济制度建立以来，政府职能转变与体制改革在不断开展，服务型政府成为普遍要求。就我国政府建设而言，服务性政府建设对完善服务性给付至关重要。在家庭权保障方面，政府应做好家庭建立与发展的宏观指导和信息发布，正确引导弱势家庭地位，避免家庭建立及发展的盲目发展，有效保障弱势家庭的家庭权。据此，国家应对全国各地的家庭情况进行详细调查和汇总，向地方政府下达或指示精准扶贫的任务。在完善服务性给付中，政府应针对家庭优惠政策、相关指导及惠民服务提供专门的通道，为其提供最大的方便与高效。同时，服务性给付还包括为家庭所在的社区或附近区域提供必要的生活及文化设施，为家庭权的发展提供机会。

三、国家给付义务的基准

从实践的角度来看，国家给付行为多没有法律依据，即使目前少量存在的法律规范也多是原则性的或概括性的。因此，在具体的实施过程中多以行政主导为特征，如给付方式、给付内容、给付标准、给付对象多以行政主体的自我判断为准。[1]从这样看，行政主体自我基准只是大致的标准，并且内部性基准具备多大的外在拘束力也是值得考虑的问题，比如内部行政行为具备多大的外部效力。有的学者认为这种内部行政行为基于公民权益，应具备外部性。[2]本文认为，“给付行政”并不是行政恩赐，是代表国家履行国家义务的表现，这种所谓的“内部标准”实质上是基于立法的难以形成和行政的特殊性和负责性。如果行政机关要完成国家赋予的给付义务，就应当从内而外对自己的行政产生约束力，其所公示出来的给付政策、程度、范围应具备约束力。

（一）国家给付义务的范围

一般来说，这种给付义务的范围应按一种横向的标准，也就是国家应该给什么样的家庭承担给付义务。社会主义或共同富裕的原则最基本的标准是对贫困、弱势等家庭的扶持。随着我国国家治理现代化与民生工程建设，对家庭的给付不应局限在特殊家庭，而应该基于普遍意义的社会家庭，为共同富裕打下基础。按以上应然分析，这种义务的范围主要体现在给付家庭对象，大致有两种：首先是条件特定的家庭，对一般认定的五保户、贫困户、单亲家庭、残疾家庭、重大损失及遭遇家庭等给与某种救济，如社会救助、精准扶贫中的家庭，以制度性给付与物质性给付并存发挥，主要目的在于解决弱势、贫困家庭的生存、健康、教育问题。其次是不确定家庭的给付，主要针对不同区域的给付政策，如划定贫困县市，专项财政拨付、政策导向、产业指导、费用优惠、惠民补贴等。相对于特定家庭对象的给付，不特定的家庭给付相对少见，一方面我国正处于国家发展之中，国家给付能力还不足以全覆盖所有家庭，针对不特定的家庭给付

---

① 参见［日］盐野宏：《行政法》，杨建顺译，法律出版社，2001 年版，第 77 页。

② 参见［美］E. 博登海默：《法理学：法律哲学与法律方法》，邓正来译，中国政法大学出版社 1999 年版，第 369 页。

当然相对较少；另一方面，国家针对不特定的家庭给付主要在于调和及衡平社会正义。但是，在家庭权保障过程中，国家不应针对家庭的种族、地域、身份、出生等来限定给付范围，在中国范围内，所有陷入难以维持生计等困难的家庭都可以要求国家给付。据此，日本法学家盐野宏认为："为了确保行政自由权的公正、平等，以及对相对人进行信赖保护，行政主体要做出与准则不同的一种判断，并要具备合理化的理由，当不能做出充分的说明的时候，这种判断是不正当的。"①从这个意义来讲，针对行政给付的裁量标准履行范围上必须具备具有外在约束力的标准。以目前的情况来看，就是给付必须明确具备理由。

（二）国家给付义务的程度要求

我国的社会主义原则与西方一贯主张的自由有所不同，与新自由主义的"国家干预"也不一样，社会主义本质要求公民社会到政治国家都体现对公民的人本主义，尤其是政治国家更应该以社会为本，在必要的时候提供救济。②家庭权保障实际体现一种人本主义，当一个家庭的人出现基于"人性尊严"的生存困难，政治国家当然具备给付义务。同时，政治国家应基于社会本位的发展，为全社会公民家庭的发展提供一种公共福利和制度平台，给付是其中之一，但是国家对家庭做到何种程度的给付要求是重点讨论的问题。首先，国家给付义务的实现需要国家财力的保证，过度给付如果超出国家财政能力的要求，会造成国家其它任务的不足，形成此消彼长。其次，如果给付不足，会造成人本主义的不足，弱势、贫困等边缘家庭得不到支持会导致"人性尊严"的缺失，在我国这样一个集体主义原则的社会主义国家，边缘家庭基本的人权都难以得到保障，共同富裕的

---

① 参见［日］盐野宏:《行政法》，杨律顺译，法律出版社 2001 年版，第 76 页。

② ［德］威廉·冯·洪堡《论国家的作用》，林荣远、冯兴元译，中国社会科学出版社，1998 年版，第 8 页。

口号也只能是空谈，社会正义也会受到挑战。同时，家庭作为共同体的功能无疑会受到损害。以长期以来形成的扶贫措施来看，现有给付的实施大多来自上层政策的被动实施，下级政府缺乏积极给付的行政理念；国家给付主要以“救助”为主，主要针对必不可少的救济，可视为一种消极化的积极义务履行，因为关于家庭权保障的给付缺乏必要的立法形成，长期以来，政府部门将给付定位为“恩赐”并非“权利”，国家层面的给付义务仍然没有达成。在这样的背景下，长期的行政主导很容易形成权力发挥，国家给付义务完全被外化的权力所掩盖。因此，本文认为，国家保障家庭权给付义务的程度上应以“人性尊严”为底限，以家庭发展权为上限，以国家能力为界限。

1. 以“人性尊严”为底限。家庭权中的“人性尊严”实际上指家庭成员作为人应具备的权利，家庭中的公民只有自身的家庭得以存在，其它权利才有意义，首要的内涵在于家庭不得不得被国家、社会及他人当作工具或物。[①] 在家庭权保障过程中，首先要针对家庭尊严的一种个体尊重，毕竟家庭的主导因素是人，国家给付义务的首要意涵在于要使家庭存在具备“人性尊严”的基础，也就是家庭共同体具备最基本的存在标准。因此，在家庭权保障的“人性尊严”的标准上，“最低的家庭生存条件”“家庭发展的基本条件”是“人性尊严”的底线标准。尤其步入二十一世纪以来，对生存权的标准不再被单一理解为“仅仅维持衣食住行的最低要求”，而在于“人在生理上、精神上过着高级动物的生活”，核心在于具备“一般社会性的生活水平”。[②]因此，可以说目前我国的国家给付义务仅达到“最低的家庭生存条件”，甚至在老少边穷的地区还没有达到这个标准；对公民社会中“起码的家庭生活要求”尚未全面实现；对于“基本的家庭发展条件”的给付有局部的实施，但不是全国范围内的触及。因此，可以说，

---

① 参见李震山：《“人性尊严”与人权保障》，元照出版公司 2001 年版，第 23 页。

② ［日］大须贺明：《生存权论》，法律出版社，2010 年版，第 95 页。

国家针对保障家庭“人性尊严”的标准上还没有实现，虽然具备一定的客观限制因素，但不能否认国家义务履行。

2. 以家庭发展权为上限。家庭发展权在于家庭私人领域及国家共同意见的形式中，都需要给予绝对尊重，并且家庭具备一种向上发展空间。在社会主义国家，由于行政权的主导性可能造成权力的膨胀与拓展，除了义务的主导权力，国家给付义务应该给予家庭发展的机会。在福利、公平、正义、服务为价值取向的当前行政权发挥下，行政权模式不应被权力所支配，而应该更多地为家庭发展提供给付义务，当一个家庭具备了发展权的条件，这才是国家给付义务履行的一种上限要求。因此，家庭权保障中，国家给付应以家庭发展权为上限，即国家给付义务不得低于家庭有所发展的基本条件，如基本经济来源、基本教育、失业保障等，同时，国家给付只是基于家庭的一种受益行为，不得侵犯家庭自治权，属于家庭自由范畴的绝不能以国家给付为由进行权力侵入。

3. 以国家能力为界限。前面论述过只有国家才能具备履行义务的权利能力及行为能力，“能力界定权利”[①]，但国家也需要成长。就我国的国家成长来说，长期的国家发展主义虽然使权利保障损失，但使国家的整体能力得以大幅提升。在国力强大的背景下，政治国家应该辅助公民社会的发展。因此，现有我国的国家能力决定了保障家庭权的诉求。当然，家庭权保障不只是国家能力强大的结果，而是依赖国家能力发挥的程度，其中关键因素在于国家财力。财政作为国家治理的基本条件和重要支柱，公民权利的保障、国家机器的运转都需要付诸成本，尤其当国家治理追求平等诉求时，国家财政能力是坚强后盾。因此，在过去国家财力不够的历史条件下，不提家庭权保障具有客观限制性因素，在国家稳步发展的时代条件下，国家保障家庭权是必要性趋势。但也需要说明，家庭权保障中的国家

① ［美］约拉姆.巴泽尔：《国家理论》，钱勇、曾咏梅译，上海财经大学出版社，2006年版，第26页.

给付不应是无限制的，应以国家能力为界限，国家财政能力某种程度决定家庭及社会福利水平。

第五节 家庭权的国家保护义务

一、家庭权国家保护义务的缘起

从世界范围来看，关于权利保障存在突破对抗公权力阶段，典型如德国的“第三人效力”，调整的对象开始囊括公民与公民之间的关系。在我国，由于家庭权并没有通过民事立法的确认，扩散的、独立的家庭权得到系统化的国家保护显得十分紧要，并且调整家庭内部关系而产生的权利需要通过国家保护性介入，也称之为国家干预主义。最典型如2016年3月1日实施的《反家暴法》，家暴的主体和客体不仅限于家庭成员之间，也包括家庭成员以外共同生活的人之间实施的暴力行为，同样参照该法规处理。因此，同居的人或已解除婚姻关系但仍共同生活的人受侵害时，也可以依照本法得到相应的保护。

1. 免受外部第三方对家庭权的侵害。世界上首次提出“国家保护主义”是联邦德国，其1975年在联邦宪法法院产生的First Abortion Decision案[①]判决中首次提出这一概念，基本权利保护体系包括国家防止第三方侵犯的一种义务。目前，德国宪法学界一致认为存在针对公民权利的国家保护义务，并具备广义与狭义上两种国家保护义务。广义上的大致与本文探讨的保障义务一致，主要针对基本权利所缔造的“客观价值秩序”保护；狭义上的是指国家保护公民权利不受第三方侵害的一种义务。[②]本节

---

① See Dieter Grimm, The Protective Function of the State, Goerg Nolte, Ewopean and US Constitutionaiism, Cambridge University Press, 2005: 137.

② 参见陈征:《基本权利的国家保护义务功能》,《法学研究》2008年第1期。

中的保护义务也是这个层面上的，但又宽泛于单纯的免受第三方侵害的保护义务。国家尊重义务仅仅是针对公民对国家的防御权功能，属于基本权利首要性功能，但从社会生活的实际情况来看，家庭权的侵害主体除了国家，还有广泛的其它社会组织和个人，由于防御权功能并不针对这类侵害类型。因此，随着现代化进程的发展，尤其家庭权利的凸显与变化为家庭权益保障带来新的变化。这种变化赋予的国家保护义务实质上仍然没有离开基本权利的属性，尤其是基本权利缔造“客观价值秩序”不容第三人侵害。Christian Starck 就认为，宪法上的基本权利需要国家保护主要是基于公民基本权利所指向的法益及其宪法承认的基本权利制度而产生的一种国家义务，尤其是国家对国民的生命、财产、自由、健康等保护义务。[①] 据此，公民可以产生向国家寻求保护的请求权。国家采取保护的核心在于调和权利主体与侵害方之间的冲突，也就是调和私人间关系的一种义务，只不过国家在“公民与公民”关系中是中立的身份，但必须用基本权益来平衡双方的矛盾关系。[②] 按照家庭权实质内涵与要求，广泛存在的家庭财产、人身权利等也存在着被侵害的可能，这就需要国家开展保护。值得注意的是，当前我国正处于一部分家庭先富裕，还有一部分没有富裕的阶段，家庭的贫富差距一定程度上会导致因权利引起的再分配。这样，家庭与家庭之间的矛盾会比发达国家的矛盾更加突出，富裕家庭对暂时落后家庭会产生排斥；而暂时落后家庭也可能对富裕家庭产生敌对、仇富心理。因此，国家加大调和力度平衡双方矛盾至关重要。这里面，既有权利保护问题，也有社会治理的问题。

另外，随着公共治理的兴起，社会组织承载了部分原本由政府管理的事务。同时，由于中国地方政府的层级和数量过多，不同地方存在着不

---

① 参见张嘉尹：《基本权理论、基本权功能与基本权客观面向》，载翁岳生教授祝寿论文编辑委员会：《当代公法新论》（上），元照出版公司，2002 年版，第 51 页。

② 参见陈征：《基本权利的国家保护义务功能》，《法学研究》2008 年第 1 期。

同的公共委托。在家庭权保护问题上，地方政府在行政上、理论上代表国家，但不同的授权管理会为家庭管理及政策带来不同的措施。也就是说，地方政府在对待家庭救济、失业政策、家庭产业政策等家庭权保障的态度上并非体现国家一致性，很可能因利益诉求不一致而制定不同的家庭扶贫政策，由此可能在政策、制度与实践上对弱势的家庭权益带来不利的局面。因此，基于“第三人效力”的事实持续而广泛地增加，“一般第三人只会对权利产生间接的约束，如果第三人变成强大的社会团体，对于这种实质上不平等的主体关系，国家应该赋予行之有效的救济手段，让基本权利主体得以对抗。”①尤其我国在长期“大政府、小社会”背景下成长，原本由政府承担的一些行政职能移交给社会团体，基于我国公民社会正处于成长阶段，社会团体未必能承担起政府委托或转移的公共职能。因此，就有可能产生大量对家庭权益带来侵害的事实，所以国家应加大家庭权保护和救济的力度。综上所述，非国家行为或强大的第三人行为已经可能对家庭权带来限制和侵害，国家有义务进行保护。在我国，由于家庭为主体的立法尚未正式确立，所有关于家庭权的保障都是来自于个人权利，对家庭来说是间接性保障。但国家作为社会中的基本共同体单元，在连结个人与社会中起着极为关键的作用，因而国家加强家庭权的保护十分重要，一味纠结于传统家庭权的本体论研究，实则难有理论贡献。尤其作为中国这样一个新型的社会主义国家，权利保护的特殊性并非像欧美国家在对待种族和性别歧视那样强而有力，而是具备中国化因素，资源不均、国家战略导致不同区域的公民遭遇“不平等”待遇的问题，尤其是弱势的群体的“平等权”。②

2. 避免家庭成员内部的权益无法保障。调整家庭内部关系的权利主要基于婚姻、血缘及法律拟制形成，因具备相对性而转化成相对家庭成员

---

① 李惠宗：《宪法要义》，元照出版公司，2006 年版，第 99 页。

② 参见周刚志：《论基本权利之均等保护》，《厦门大学学报》（哲学社会科学版）2010 年第 1 期。

的家庭法律义务。也就是说，调整内部家庭关系的权利要基于义务的实现来形成保障，如义务的不履行时常导致权利的难以保障。因此，基于这种相对性需要国家进行干预，对不履行此类义务的需要国家强制履行。具体来说，父母权既表现出权利又表现出义务，被赡养权中的获得物质赡养权和精神赡养权需要负有赡养义务的家庭成员积极履行赡养义务；儿童权表现出的是权利形态，父母权滥用对儿童权的侵害、父母权对儿童的过度干预、父母权缺失对儿童权的影响，实质上是对儿童义务的不正确履行；妇女同等权表现出家庭男性成员针对妇女成员的平等义务，性别歧视也构成一种家庭义务。基于私法义务属性，如果不履行将受到国家干预，权利人可以以请求权的主观权利形态展现国家保护形态。

二、家庭权功能维护需要国家保护义务

从家庭权的演进过程来看，国内外都存在来自诸多领域对家庭功能进行维护的做法，从近代到现代以来，整个家庭权利呈现扩展态势，针对家庭权的保护已经不能再局限于传统国家的侵害，因为“第三人”、内部家庭成员都可能成为家庭权的“侵害主体”。按德国的基本权利理论，基本权包括“主观权”与“客观规范”两方面。[①] 中国与德国关于宪法基本权利的不同点在于国家性质不一样，导致基本权利范围及结构有所差异，中国作为社会主义国家，更加强调通过公有制度来形成一种制度性福利，强调国家集体发展与国家权力的良善。在国家权力根源上，一方面通过国家义务形成国家权力，另一方面与社会主义国家良善的国家权力接轨，随着中国人权保障与世界趋势的接轨，就宪法列举的基本权利来说，中国宪法的基本权利属性几乎与德国基本法所列举的无异。并且我国宪法已经

① 参见［德］Robert Alexy:《作为主观权利与客观规范之基本权》，程明修译，《宪政时代》第24卷第4期。

确立起家庭权，作为一项重要的宪法权利，德国的基本宪法权利属性可以作为分析中国宪法权利的参考样本。因此，中国宪法上的家庭权其实具备上述两种性质。同样，社会主义国家需要通过“积极义务”来落实家庭权保护。

（一）家庭权保障的客观价值秩序

宪法基本权利具备“客观规范”的属性主要是指：当一项权利被宪法所确立，实际就整个国家及社会而言变成一种客观价值秩序，并成为立法、司法、行政机关在立法、司法及行政过程中需要建构的一系列国家制度的形成与执行，尤其成为司法机关和行政机关需要在适用、解释及执行法律时的一种上位原则。因此，可以说宪法基本权利具备基于“个人权利”形成的“主观权利”，同时具备基于“国家制度”而形成的约束国家权力的“法律”。例如德国《基本法》第一条就明示：所有的基本权利不仅具备法律的拘束力，而且从整个国家来说都是必要任务。应该说，宪法上确立的权利保护是宪法价值的最佳表现。这种价值不仅体现在对国家的防御，而且针对私人关系。因此，针对家庭权来说，家庭权作为基本属性主要在于建构一种家庭价值秩序，家庭权益的保护、家庭功能的维护、家庭权保障方式等都需要上升到国家制度层面。基于形成的家庭价值秩序，一方面需要国家充分尊重作为社会权的家庭自治权；另一方面需要国家通过积极方式来促成家庭权的有效保障。任何权利都依赖于制度的形成与保护，家庭权的客观价值秩序功能必然要求国家履行“制度性保障”义务，主要的方式是国家立法机关制定法律、设立制度，以形成保护模式。[①] 基于我国宪法及家庭现状，基于“客观价值秩序功能”，家庭权同样具备制度性保障意义。国家有义务制定保障个人所处的家庭共同体的物质、精神

---

① 参见［德］卡尔．施密特：《宪法学说》，刘锋译，世纪出版集团、上海人民出版社，2005年版，第182页。

及行为等方面的立法，即防止第三人侵害制度的构建。

（二）建构保护请求权

公民家庭权保护必须具备后置程序，即个人权利的再主观化功能缔造，当公民认为家庭权益受到侵害向国家提出请求时，宪法权利的保障还依赖于实现保护请求权，这种请求权是实现权利保护的必要路径，当公民认为自己的家庭权受到侵害而请求国家保护是公民要求国家履行保护义务的方式。我国宪法明确规定了家庭的国家保护原则，家庭权自然而然可以作为保护请求权而存在，但问题在于具体的民事立法上并没有确立以“家庭”为主体的权利形态，使得“再主观化”遭遇困境，但我们不妨采取域外现状进行研究。首先，《世界人权宣言》第八条规定公民权利（宪法和法律确认的权利）遭遇侵害时，个人有权请求国家法庭来对其有效地补救。同样，当家庭权遭遇第三人和家庭成员的侵害，当事人也可以要求国家给与保护。第二十八条规定：“公民都需要一种致力于美好生活的秩序，这种秩序是自由和权利发挥的表现。”如果家庭权要得以充分发挥，社会秩序发挥必不可少。另外，《公民权利和政治权利国际公约》等国际性法律文件也作出相似的请求权规定。因此，从国际性文件所确立的“客观规范”可以得出家庭权的客观价值秩序；其次，和我国类似的德国通过判例实现了家庭权利“再主观化”，判决本身无关国家义务，但法官的解释性造法可以说弥补了成文法的缺陷，其关键就在于通过解释拓展出国家具备个人权利免受第三人侵犯的保护义务。[①] 可以说，通过事实与规范的有效填补让法律规范演绎为主观权利。由于我国家庭权在立法上没有独立建构，导致家庭相关性权利在受到侵害时依“主观权利”必然受阻，家庭成

① 德国联邦宪法法院指出：人民享有的主观保护请求权，与客观法上的国家保护义务，具有相对应的关系。这种客观法的主观化最早可追溯至1956年之“路特判决”［德］Christian Starck：《基本权利的保护义务》，李建良译，载Christian Starck：《法学、宪法法院审判权与基本权利》，元照出版公司，2006年版，第432页。

员依照个人权利可以发挥这种作用，可以称作间接意义上的“再主观化”。虽然效果不如直接性的“再主观化”，但对家庭功能的保障具备十分重要的意义。同时，中国的司法机关在判定涉及家庭权益的个人权利时，可以通过家庭权的客观价值秩序作出判决。综上，家庭权本身的客观价值秩序及请求权发挥都依赖于国家义务。

三、家庭权国家保护义务的体系

国家保护义务需要从主体和内容来构建系统性。主体方面的建设主要针对“国家”，具体分解开来主要由立法机关、行政机关和司法机关来承担不同方面的国家义务。国家在具体履行义务时必然带有主观性的裁量权，很容易导致客观规范落空，针对不同国家机关的请求权至关重要，也是基于客观规范的不同的“再主观化”方式。这种实现手段与国家保护义务具备一致性，最终目的在于保护家庭权利，同时要避免国家义务与权力分离，再主观化的权利必然形成。① 具体来说，国家立法机关应该履行立法的义务，正是制度构建的前提保障，可视为第一个层次的义务；国家行政机关应该履行执行及协调的义务，执行具体的法律及其制度，并对家庭矛盾进行调和，可视为第二个层次的国家义务；国家司法机关作为中立、被动性的裁判机关，关于家庭权保障中国家义务履行情况应起到监督作用，并且在实际司法过程中应采取家庭权价值秩序来衡量家庭权益的诉求，可视为第三个层次的国家义务。以上三个层次的国家义务实际上完善了国家义务的分配，从内容来看，不同层次的国家义务都需要借助不同的国家权力（职权）来实现，从而让不同类型的国家权力从源头都带有强烈的任务需求。总而言之，国家立法机关、行政机关、司法机关在各自的职

① 参见［德］Robert Alexy, A'fheory of Constitutional rights, transtated byJulian Rivers, Oxford University press,2002：326.

权发挥中都应该带有明确的国家义务，以便包括家庭权在内的宪法权利能从国家发挥的角度来实现保障。

（一）第一层次：家庭权的立法保护义务

家庭权保护的国家义务首先要求的是国家立法机关，因为立法活动是对宪法确立的基本原则予以具体化的过程，“有法可依”是国家立法机关的首要任务，家庭权保护制度的建设首要责任是立法机关。立法机关需要对宪法确立的家庭权再次确立及具体化。从中国的具体情况而言，家庭权从民事立法方面需要引起国家层面的高度重视，实现从间接性的家庭权保护到直接性的家庭权保护。同时，家庭权客观规范的“再主观化”主要是指需要将家庭权的价值秩序进一步转向公民的主观权利，通过具体的民事立法将家庭权保障原则予以具体化，这就需要立法对家庭权的内涵、功能及家庭内部义务与干预标准等具体化，也叫作“宪法委托”。[①]当然，国家立法机关在实施过程中具备一定的主观性，这就要求立法机关要充分尊重家庭传统、厘清家庭权益种类、明确保护方式及程度。[②]我国宪法上的“社会主义”和主权原则都可以得出人本福利要求，社会整体生活保障离不开保护家庭权。实现“社会主义”的中国应该更加明显地推进社会共享与社会福利，必须以“社会保障制度”为国家目标。

（二）第二层次：家庭权的行政保护义务

社会主义原则下，国家实行共同富裕的原则主要体现在公民社会中全体公民的全部富裕，实际上就是社会中所有的家庭实现富裕。在实现共同

① 陈新民：《社会福利公法学原理与实践》（上），中国政法大学出版社，2007年版，第1页。

② 参见［德］巴杜拉：《社会福利家与人权保障之义务》，陈新民译，载陈新民：《社会福利公法学原理与实践》（下），中国政法大学出版社2007年版，第52页：立法者被赋予一个广泛的考量、评价及形成的范畴，但亦接受社会国原则及国家财经政策的指导。社会福利作为一项宪法原则，赋予了立法者完成国家任务的义务并使其正当化，其核心内容使社会福利的重要法域获得保障。参见［德］康德拉．黑塞：《联邦德国宪法纲蓉》，李辉译，商务印书馆2007年版，第168页。

富裕的过程中，难免要“取长补短”，补短意味着国家基于公平的保障。由此，在针对社会家庭中弱势的家庭要给予特别保护，就需要强化行政保护义务。这种行政保护义务外化为行政干预，并增强针对弱势的、受侵害的家庭的行政保护功能。在社会主义条件下，国家的行政机关不能局限于消极行政，应更多体现对家庭权承担保护义务。不论是自由主义国家还是社会主义国家，行政机关履行家庭权保护义务都需要立法机关创设义务的框架，政府形成实际意义上的执法保护。行政保护义务处于第二层级不是说不重要，而是行政保护义务需要履行依据和正当性。并且，行政机关应在行政管理过程中形成积极保护，通过行政立法、行政决策来积极履行家庭权的保护义务，如地方政府针对立法出台解释性规范、执行性规范、服务性规范。同时，在对照相关法律的基础之上，行政机关应对有损家庭权保护的行政规范进行清理。

（三）第三层级：家庭权的司法保护义务

在请求权建构过程中，司法保护也至关重要，当一项权利“再主观化”产生僵持，司法机关形成公正保护是必要手段。按一般的司法原则及司法特征，司法机关被动性无关积极性保护义务，其实司法保护义务是被动中的主动保护。当家庭权受到侵害，甚至是国家侵害，司法机关的保护义务在于主动承担家庭权保障的国家义务，在事实认定过程中尊重家庭事实，在适用法律过程中积极寻求家庭权保护规范。有的学者认为司法机关不应完全不履行保护义务，而应履行有限的保护义务，[①] 本文认为，家庭权的国家保护义务体系中应纳入司法机关的一种保护义务。原因在于：第一，由宪法上确立的家庭权原则及条款对包括司法机关的所有国家机关产生约束力；第二，家庭权具备的客观价值秩序功能进一步说明司法机关具

① 林明听：《公法学的开拓线》，元照出版公司，2006 年版，第 44 页。

备一定程序保障义务，在家庭权“再主观化”实现方面承载最后的国家义务，司法裁判是关键，也是最后的保护手段。司法机关应该为公民的家庭权保障提供公正和正义的程序及裁判保障。同时，家庭内部的权利保障依赖于公民主观权利的发挥，请求权基础依赖于国家司法机关的公平裁判。因此，家庭权的保护方式、家庭义务的标准离不开司法机关履行司法裁决义务。

第五章　我国家庭权国家保障的不足与完善

前文对家庭权体系及国家保障义务进行了证成，搭建了不同国家机关承担不同国家义务的体系，由此，国家义务如何履行构成家庭权保障的基础与基本指向，从家庭权利属性到家庭基本功能的维护，家庭权的实现必须以国家机关对不同类型的义务为根本。本章节将在实然性分析的基础上，指出在应然性构建方面的不足，借此探索出我国家庭权保障义务的完善对策。

第一节　我国家庭权保障的实然状况

一、宪法确立家庭权保障的过程

按照中国传统社会秩序，实际上并不存在公民社会及其权利概念。虽然存在权利概念，但与现代意义上的权利不可同日而语。从几千年来的君主专制来看，中国社会推行家国相通体制，以此构建的“三纲五常”严重扼杀了家庭权的发育和成长，但不意味着没有家庭权利的思想。在中国古代，家庭权不同于现代意义的宪法权利，而是通过君主、家长的义务推导出家庭权，如“尊老爱幼”“百善孝为先”“百年家业”都体现对家庭权益的维护。同时，在古代经济形态方面，小农经济都是以家庭为基本单位的形态，以血缘为纽带组合成家庭进行社会生产及合作，个人都属于家庭共同体的，对内对外方面个人都不独立，并且强调家庭成员对家庭（家长）的义务。因此，古代社会中注重的是家庭权益，而非公民的个体权利。而我国到现代为止真正确立起家庭权主要受西方权利概念的影响。[①]鸦片战争打开中国国门，传统的社会制度开始发生根本变化，就此不断吸收权利概念。对于家庭的主体问题，中国立宪史上曾出现争议，民国时期的宪法草案将家庭归为权利主体。[②]当时出现这种状况在于个体权利传入中国正盛，家庭极力清除封建家长制，但并不是呈现权利形态的家庭权。同时另一位学者提交的宪法草案将家庭置于民族篇。[③]将家庭定位于国家一体，这种立宪原则实际上是从传统家庭功能来实施家庭保障，本质上在延续传统的家庭道德观。1946年《民国宪法》也没有以权利的角度提出家庭保护，本质上依然从家庭功能的保护出发。[④]1949年《共同纲领》主要从废除封建的角度，试图重构一种新的婚姻制度。[⑤]自1954年宪法到现行宪法，家庭保护都被规定在公民基本权利与义务一章中，[⑥]可以说从新中国开始，家庭权的内容就开始呈现权利形态，自此家庭权保障步入权利时代。

---

① 参考夏勇:《人权概念起源：权利的历史哲学》，中国政法大学出版社，2001年版，第86页、第187页。

② 1934年薛毓津的宪法草案就将“家庭”列在“个人权利”后一节。其第20条规定，“一、婚姻为家庭生活之基础，受宪法特别保护，关于婚姻以男女有同等权利为原则，禁止养媳，及男女在十五周岁以下之婚约。二、家庭生活夫妇有同等权利。”

③ 1934年吴经熊草拟的宪法第17条规定：“婚姻为民族发达之基础，应受国家之保护，男女两性，应本平等互助之精神，共谋家庭之幸福，患精神病及其他遗传性之恶疾者，有贻害民族及社会之危险，得以法律禁止其婚姻，或防止其生育。”第18条规定“妇女在生产之后，应由国家按其家庭之环境，身体状况，予以相当之保护。”第19条规定“未成年子女，应由国家按其智识程度，身体状况，予以必要的保护。”第20条规定“非婚生子女应由国家保护之，使其与婚生子女享有生存及发展能力之均等机会。”

④ 第21条和基本国策的第160条提到强制接受基本教育，另外第156条规定，“国家为奠定民族生存发展的基础，应保护母性，并实施妇女儿童福利政策。”

⑤ 第6条规定：“中华人民共和国废除束缚妇女的封建制度。妇女在政治的、经济的、文化教育的、社会的生活各方面，均有与男子平等的权利。实行男女婚姻自由。”

⑥ 1954年宪法第96条规定：“中华人民共和国妇女在政治的、经济的、文化的、社会的和家庭的生活各方面享有同男子平等的权利。婚姻、家庭、母亲和儿童受国家的保护。”1975年宪法第27条第5款规定：“婚姻、家庭、母亲和儿童受国家的保护。”1978年宪法第53条第2款规定：“男女婚姻自主。婚姻、家庭、母亲和儿童受国家的保护。”1982年制定的《宪法》第48条规定：“妇女在政治的、经济的、文化的、社会的和家庭的生活等各方面享有同男子平等的权利。”第49条规定，“婚姻、家庭、母亲和儿童受国家的保护。禁止破坏婚姻自由，禁止虐待老人、妇女和儿童。”

二、相关婚姻家庭制度

新中国成立之初，在立法形成上试图通过婚姻法来重构家庭制度。在新中国成立不久国家就制定《婚姻法》，名为婚姻法律，实际上成为家庭方面的基本法，昭示新中国成立要彻底废除封建式家庭制度，这种立法与当时的背景密切相关，这种范式为以后婚姻家庭规范打下了基调。1980年修订的《婚姻法》基本延续规范家庭关系的传统，进一步扩大了家庭关系的调整对象，不再局限于夫妻、父母，纳入了同胞兄弟姐妹及祖孙。2001年修订的《婚姻法》同样起到了家庭方面基本法的作用，但调整的家庭关系大幅增多，增加了家庭成员之间的义务要求，如增加"反家暴""尊老爱幼"方面条款。2016年3月1日实施的《反家暴法》旨在"反家暴"，并正式形成具体立法来确立家庭义务，其第三条明确了约束家庭成员的义务。[①]并且对未成年人、老年人、妇女等弱势家庭成员进行重点保护，被家暴家庭成员救助的对象包括所在单位、基层组织、妇联组织及国家机关，明显加大了保障力度。

三、针对性别保障制度

关于性别保障，《妇女权益保障法》首先系统全面地对其进行了定位，妇女与男性同等的权利得到系统而详实的阐述，并且在其中第七章详细列举女性在婚姻家庭方面享有的权利，诸如婚姻自主权、离婚自由权、反家暴权、妇女家庭财产权、妇女对未成年子女监护权、妇女生育权等。[②]2012

① 《反家庭暴力法》第三条："家庭成员之间应当互相帮助，互相关爱，和睦相处，履行家庭义务。反家庭暴力是国家、社会和每个家庭的共同责任。国家禁止任何形式的家庭暴力。"

② 第四十三条："国家保障妇女享有与男子平等的婚姻家庭权利。"；第四十四条："国家保护妇女的婚姻自主权。禁止干涉妇女的结婚、离婚自由。"；第四十五条："女方在怀孕期间、分娩后一年内或者终止妊娠后六个月内，男方不得提出离婚。女方提出离婚的，或者人民法院认为确有必要受理男方离婚请求的，不在此限。"；第四十六条："禁止对妇女实施家庭暴力。"；第四十七条："妇女对依照法律规定的夫妻共同财产享有与其配偶平等的占有、使用、收益和处分的权利，不受双方

年《女职工劳动保护特别规定》进一步明确保护女职工在劳动方面的特殊保护制度，家庭权益方面主要涉及生育保护，基于怀孕、分娩、产假、哺乳等作出针对性保护规定。[①] 同时在《监狱法》对怀孕及哺乳的犯罪妇女作出特别规定。除此，《反家暴法》也着重在女性权益方面的保护。

四、未成年人保障制度

1991 年 9 月，全国人大常委会颁布了《未成年人保护法》，专门对未成年人的权益进行特殊保障。具体来说，未成年人具备的生存、发展、参与、优先及受保护权对国家、社会、学校和家庭提出保障要求，尤其对家庭提出保障义务要求，第二章“家庭保护”加入了父母等监护人的监护职责与抚养义务，加强家庭的教育义务、监护责任等。同时，《反家暴法》将未成年人纳入受保护范围，防止未成年子女受家庭暴力危害。另外，我国民法、刑法、诉讼法及经济法领域的法规都对未成年保障构建了特殊的制度，等同于对家庭自治权内容提出了义务性规范。

收入状况的影响。”；第四十八条：“夫妻共有的房屋，离婚时，分割住房由双方协议解决；协议不成的，由人民法院根据双方的具体情况，按照照顾子女和女方权益的原则判决。夫妻双方另有约定的除外。”；第四十九条：“父母双方对未成年子女享有平等的监护权。”；第五十条：“离婚时，女方因实施绝育手术或者其他原因丧失生育能力的，处理子女抚养问题，应在有利子女权益的条件下，照顾女方的合理要求。”；第五十一条：“妇女有按照国家有关规定生育子女的权利，也有不生育的自由。”

① 如规定不得在女职工怀孕期、产朗、哺乳期降低其基本工资，或者解除劳动合同；女职工在怀孕期间，所在单位不得安排从事国家规定的第三级体力劳动程度的劳动和孕期禁忌从事的劳动，不得延长劳动时间。女职工产假为 90 天，其中产前休假 10 天，难产的增加产假 15 天等等。

第二节　家庭权国家保障存在的不足

一、国家尊重义务的履行程度不够

（一）家庭权防御功能仍需加强

国家尊重义务主要体现在家庭权的防御功能，以此对抗国家权力的侵犯。家庭权的防御功能具体表现在家庭事务的自治权，因为作为私生活领域的家庭权实质上是一种公民基于自我和人格认同的自由。这种自由之于国家意义最大的特征是防御，不尊重或随意干涉公权力会使这种自由丧失，因而公权力不得随意干涉。目前家庭权虽然归为宪法基本权利，但在立法形成及行政权运行中体现出防御性不足的弊端。就立法形成来说，立法机关试图通过婚姻制度替代整个家庭制度，这种做法实际让中国几千年来家庭在社会的地位消失殆尽，婚姻制度只给予组建家庭方面的权益保障，而无法替代家庭人格权、家庭财产权、家庭身份权、家庭自治权，以及家庭基本功能的保障。据此，当社会组成的基本单元在主体上都无法取得确立和共识时，无疑会导致宪法上确立的家庭保障原则空洞化。家庭身份无法成为法律概念的主体时，当公民在社会上塑造私人领域的家庭时，实际上很难真正去构建一个属于自我的空间，所谓的家庭事务自治更多只是相对意义上的。同时，当家庭面对强大的国家及社会现实时，自身的自治地位不足很容易导致国家利益占上风的局面，本文在这里不是要强调一种绝对的民粹主义，意在表述家庭与国家或社会发生冲突时，很难为家庭提供最后的空间，由于我国建国以来长期推行一种非典型的社会主义，强调国家利益优先，很容易使家庭成为牺牲品。

就行政主导而言，我国公民社会的构建长期为行政所主导而发展，这种发展模式成长快、强调管控，但当公民社会发展到一定水平，固有的权利保障模式与利益诉求会产生矛盾，难以再适应原有的权力管控与主导，因而矛盾剧增。家庭实际上作为社会最重要的构成单元，具备社会权属性无疑。因此，在公民社会不断成熟和壮大过程中，家庭针对行政的利益诉求会变得更高，如原有家庭财产在行政主导下可以征收、征用，但家庭产业升级、关联性不断增强等原因，都导致行政主导不再具备那种随意性，而是需要严格的正当程序来征求家庭成员的同意。新时代条件下，家庭权的防御性不足都会导致更多的家庭利益损失。以目前我国政府改革的进程来看，虽有非常大的进步，但要改革计划经济时代的行政管理体制还有很多工作没完成。因此，在行政主导的模式下，我国家庭权在社会发展中依然要加强自身防御性。

（二）家庭自由权方面的突出问题

从现有国家现实来说，家庭自治权方面的突出问题既有干预不足，也有干预过度之处，主要体现在对生育权限制不足、收养权干预过度及对共同生活权的干涉几方面。（1）生育权属于家庭自由权方面一项重要的权利。按照家庭生育传统功能，公民要基于家庭成立与否来产生生育权，并成为家庭公民的一种自由，按照绝对自由权观念，生与不生、保胎与堕胎完全按个人意志来决定，但堕胎问题一直是充满争议性的社会话题。从世界范围观察，1973 年美国妇女获得个人堕胎权，虽对妇女解放及人权发展具备重大影响，但这种堕胎权关系到家庭生育功能的保护与胎儿生命权，母体绝对的自由权无疑会对这两方面产生影响。因此，本文的观点认为妇女的堕胎权应该给与一定限制，国家对家庭堕胎权应给与更多的干预，不是不尊重堕胎权，而是在尊重的基础上干预。首先，国家尊重堕胎权对保障家庭自治权及妇女权益具备积极义务，但适当限制堕胎权其实对家庭和妇女权益保障同样具备积极义务。通过限制条件性的堕胎可以将家庭和妇女从“重男轻女”、性别歧视中解脱出来，避免妇女和家庭遭遇“女儿外嫁”“传宗接代”等封建思想对身心的束缚。其次，就整个公民社会来说，堕胎自由权意味着性别选择的余地，适当限制“堕胎自由权”对男女比例平衡具备保护作用。同时，家庭堕胎权的限制对胎儿的自然权利具备保护作用。现代医学证明，妊娠14周以上，虽然没有脱离母体，但胎儿实际意义上已经具备人形并开始不断成长为独立的个体。如果母体选择堕胎，对任何发育的胎儿既不人道，也不公平，尤其对重男轻女并不少见的社会来说，胎儿的性别是无从选择的。因此，对家庭堕胎权的适当限制具备绝对正当性。中国自2003年各部委联合发布了胎儿鉴定及人工终止妊娠的限制条件，后多省市也作出相关规定，但主要集中在程序以及其立法权限问题上。问题在于，关于堕胎的法规及政策都旨在执行计划生育国策，以纠正性别失调，因而在子女数量及性别选择权上都受到严格限制。另外，就胎儿的自然权利来说，妊娠14周以上终止妊娠不符合人道主义。从现有内容上看，各地方公布堕胎规定限制标准及程序并不统一。（2）我国收养法的原则在于保障未成年人，整个收养法条款的核心条款在于保障被收养人的利益，虽然这样的立法形成与现代收养趋势不断接轨，但完全站在保护的角度实际上阻断了更多重新将其纳入家庭的机会，苛刻的条件限制、过度的干预都让家庭纳入新成员形成障碍。同时，现行收养法对收养行为之后的日常行为缺乏规范，主要在于监督缺位。（3）存在对共同生活权的干预，以及家庭财产等方面的破坏。我国作为社会主义初级阶段的国家，太多社会自治由国家行政主导，大政府的局面短时间内难以改变，难免存在以行政权的名义对共同生活权及家庭财产等方面的强势权力行为。典型的如夫妻家中看黄碟事件，让家庭隐私饱受警察权侵害；又如暴力拆迁事件等等。

（三）家庭经济权方面的突出问题

家庭承包经营权为农村经济带来了巨大活力，宅基地、山林管理权、土地承包权、草场承包权、滩涂管理或承包权实际上都是以家庭为主体的权利设置，同时也注入了经济利益性质的自由权，承包式经营要求家庭范围内的家庭意志的发挥，但是家庭在民事上却不具备主体资格，导致家庭权利实际在法律意义上不具备家庭主体地位，在逻辑和事实上都显示出步调不一致的立法思路，这种矛盾必须从民事立法上予以调和。同时，按照《民法通则》第二十九条规定，个体经营、承包经营中在主体的届分上实际模糊不清，法律倾向于在事实上认定家庭为单位的承包权、经营权，但并不打算从法律上正式确立家庭主体资格的权利。在家庭既是主体，也是空间的实然情况下，民事法律这样规定其实不合时宜，主要集中在家庭责任承担方面，而不确立家庭经营权，则会导致家庭“头轻脚重”，权利缺失。

二、国家给付义务缺乏确立性

（一）家庭权的受益权功能未正式确立

国家给付义务要充分表现在对家庭权的受益权功能上。首先，就制度性给付而言，婚姻法不能代替家庭法功能，需要从民法领域建立以家庭为主体的权利保障制度，社会团体等都以法人的形式确立，而作为个人生活和发展共同体的家庭应该明确民事主体地位，就现有的家庭权而言，我国宪法不具有直接法律效力，家庭权的司法保护功能模糊，导致家庭权益的司法救济功能严重受损。其次，我国针对家庭的社会保障普遍性不够，整个家庭的受益权功能表现出整体性不足。就物质给付来说，社会家庭情况的诉求不统一，相对于国家的义务也不同，不能一概而论。因此，国家一方面要建立普遍性的最低生活保障制度，尤其现代社会是一个风险社会，家庭在社会条件及发展情况下可能时过境迁，国家应该给予普遍给付；另一方面要建立家庭发展的辅助制度，以保障家庭成长的基础和条件。现实状况是，我国目前针对家庭的社会保障主要是物质帮助，而在医疗保障、维权救济、产业优惠等方面都缺乏实质性给付。推行的精准扶贫政策受制于各方面原因，物质救济由点到面还没有真正展开。同时受制于资源及财力，国家通过行政方式给予家庭保障的收益并不多。其次，就服务性给付来说，一方面，现有的家庭给付仅仅停留在物质给付，缺乏系统性引导及服务，存在“授之以鱼不如授之以渔”的情况；另一方面家庭养老、抚养的义务替代了部分国家给付义务，所谓“责任政府”没有在社会家庭保障方面实现。

（二）家庭户籍不平等导致受益权不平等

户籍问题是我国计划经济时代遗留下的老问题，基于城乡二元体制产生的城乡家庭的身份制度在新时代亟需打破。城市家庭和农村家庭的身份差异深深地烙印在劳动、就业、教育、医疗领域。例如，农村家庭到城市具有劳动权和就业权，但因为家庭户籍的身份导致在各方面难有实质的同等待遇。就家庭权利来说，不能因户籍的身份带来权利的实质性不同，否则便违背权利保障的根本。步入 21 世纪以来，社会主义市场经济不断壮大，急需打破不平衡的市场环境，在整个国家劳务市场已经形成的情况下，农村家庭流动到城市安家落户成为潮流，再以此届分农村家庭和城市家庭使得农村家庭永远是寄居城市，没有归属感，这样的家庭分离无疑是违宪的。我国宪法上确立的家庭保护原则是针对所有的家庭，在计划经济时代，对城乡家庭的二元届分是基于发展主义的立场，意图通过先发展与后发展的国家控制，集中国家资源和力量进行城市化建设。这种二元主义实质上与工农剪刀差的本质无异，但当集中发展模式发展到一定程度，必然要对后发展的进行补差。社会主义市场经济发展到今天，国家要重新主导一种发展主义，即补差农村及其家庭发展。首先，在身份上应给予所有社会家庭平等的身份，消除二元户籍制度。其次，保障流动家庭的权利，让其家庭在养老、失业、医疗、教育等方面享受同样的待遇。最后，保障所有社会家庭从形式到实质平等的求偿权。

三、国家保护义务履行缺乏体系化

前面论述过家庭权的国家保护至关重要，国家保护是权利发挥的前提条件。首先，既然国家保护主要针对第三人侵害的保护，按法律具体化来说，家庭保护应纳入侵权责任法范畴，侵权责任法旨在保护公民的合法权益，按此分析应改为保护公民及家庭的合法权益，也就是将家庭独立出来成为侵权责任法主体。实际问题在于，家庭并未在立法上成为独立的民事主体，导致家庭权国家保护直接缺位。其次，从家庭权保护的范围来看，社会家庭的种类和形态多样化，多样化形态很可能导致其复杂化。目前，因为家庭没有从法律上界定，导致家庭不能从个人权利完全独立出来运用。同时以现行婚姻为基础的家庭遭遇诸多保护难题，如五保户、低保户、单亲家庭、重大遭遇家庭权益得不到内部义务履行或受第三人侵害应如何保障。据此，国家应该正视家庭多元化特征，首先要通过立法明确家庭成员之间的权利义务，针对家庭成员义务的不履行予以行政保护与司法保护。例如，行政机关要加强家庭儿童权益保护、防止家庭暴力、敦促赡养义务等；如司法机关基于家庭权益的请求权应给予司法救济的保护。以目前家庭内部义务的监督来看，我国家庭中的养育、监督、赡养、教育义务都因家庭没有从民事上确立主体地位，导致诸多问题难以阐释和解决。就行政保护义务来说，很多侵权来自行政机关，因为行政机关广泛存在着政府职能，地方政府可能因社会变迁（包括家庭流动与变迁）出台相关公共政策，这些公共政策很可能导致不同的家庭具备差别待遇，甚至歧视性待遇。如地方政府的医疗、社会保障、教育政策会带来迁移家庭在医疗、社会保障及教育方面的权益区别待遇。因此，从源头上讲，政府的一些决策对家庭权益的保障具有侵害性。最后，家庭权受国家保护对司法机关也有一定义务要求，家庭主体没有明确确立的情况下，现有的相关家庭权利价值秩序功能与客观规范的“再主观化”都要求司法机关主动保护家庭功能的法律适用，如邻里纠纷、家庭责任纠纷等要由司法机关主导，帮助人民寻求有利于保护家庭功能的法律规范。

第三节　我国保障家庭权的基本理念

一、基于“人性尊严”出发

“人性尊严”是现代基本权利保护的基本出发点，由于家庭权实质上是个体权益衍生的基本权，任何公民对自我家庭模式的实现以及国家保障都要基于“人性尊严”的价值来开展。就权利的基准点来说，“人性尊严”要求一种基于个人的基本存在，其在家庭模式下个人应该具备基本的生存条件，通过独立自主的方式实现一种“家庭尊严”。传统家庭功能的本质在于以血缘为纽带形成一种家庭依附，这种依附实际上导致家庭成为一种具备权力形态的社会共同体，个人无法跳出这个权力中心，因为权力导致个人权利尊严在起点上是不具备的。以现代权利来讲，在中国传统的家国一体体制中，除了家长之外的其他家庭成员实际上并没有真正意义上由家庭带来的人的尊严，这种传统实际上会对家庭立法带来障碍。这种障碍并不是无法克服，根本在于家庭从权力向权利形态发生根本转变。在建国之初，因为没有弄清楚这种转变的思路，只是一味强调民族独立及国家发展来强调家庭的改变，由于家庭不再是国家所需要的那种类型，家庭因此从政治、经济上严重被削弱，突出表现是农村以公社、城市以工作单位为基本单元，导致家庭被边缘化。另一方面，新中国成立以来，长期的国家形态导致个人权利没有真正独立出来。因此，在个人权利弱化及家庭边缘化的背景下，家庭权利保障无法从法治角度构建。正因为如此，上世纪 60

年代到70年代末，各种政治运动导致家庭在个人尊严都无法获取的情况下难以获得尊严，也就无从形成国家、家庭及个人之间的两性互动。现代以来，个人作为权利的基本主体完全从家庭的权力中解放出来，但同时借家庭为个人创造出一种新的存在空间，因此这种存在空间的权利呈现实际在于个人最大的权利保障，因此家庭尊严实际上代表了个人尊严，二者具备一致性。中国社会主义市场经济不断发展和成熟，宪法权利保护也应回归人权模式，“人性尊严”代表人类在人权保障方面的价值共识，因此需要家庭的权利本位。至此，中国家庭需要回归历史潮流的权利形态。当然，任何权利形态产生和被接受都基于社会经济结构的制约，当一种新的经济条件被国家和公众所接受时，家庭权利本位理应被建构。

二、家庭权保障的基本理念

（一）男女平等

性别平等是家庭内部及外部保障需要首先落实的原则，中国几千年来的家庭权力形态建立在男女不平等的基础之上，通过家父权来实施一种家庭统治，因此家庭成为压迫和歧视的场所。人类男女平等的发展历史主要基于资产阶级革命，通过平等的要求推导出性别平等。如何判断家庭中的性别平等？对于这个议题，近代以来就产生过两性之间是基于“同一性”还是“差异性”的深刻反思。“生而平等”的自然法则可以推导出男女人格平等，实际上属“同一性”缔造，同时基于女性在生理、思维及社会某些方面具备特殊性是事实存在的，所谓男女平等只是针对法律人格平等而言，但在具体的权利构造方面必须承认要对妇女特别的赋权和特别的强调权益保护。在长时间男女人格不平等的历史传统下，针对女性权益“同一性”及“差异性”的缔造是十分必要的。就“同一性”的形成过程而言，18世纪的女权主义实际上旨在取得一致法律人格的平等，这种公平的价值诉求在于与男性的权利平等。据此，早期妇女斗争则采取一致“无差异性”的要求进入法律原则。[①]这种主张在现代女性权利发展看来明显具有局限性。首先，这种主张无暇关注更高的女性差异，一味主张要求同一性实质上造成歧视问题从根本上无从解决，例如女性在生育、生理方面的差异不能要求与男性同等，需要特殊的照顾和考量，而中立立法很容易造成形式平等而实质不平等。其次，从社会事实来说，妇女在资源方面的占有率与男性实际不平等，法律赋予女性权利很可能导致权利难以实现，所谓男女无差别的主张实际上没有考虑到女性差别。因此，男女的“同一性”要求实际上是女权主义主张的初期要求，女性要急于摆脱男女不平等的法律地位，他们所主张的要求只是初始性的，但问题在于她们没有意识到权利能否实现，这种“同一性”实际上缔造了妇女权利的起点，但真正的权利平等需要“特殊性”的缔造。如果说“同一性”是男女平等的初期阶段，那么“差异性”理论就属于男女平等的第二个阶段。这个阶段的主张不再局限于形式上的平等，而在于主张实质上的权利平等，处于弱势和特殊性的女性权益保护需要特别地强调，专门针对妇女权益保护法旨在从过程到结果都实现与男性平等地位。因此，在专门针对家庭立法方面，应该充分考虑到男女平等在“同一性”与“差异性”上的特征。法律人格与地位必须平等，同时应考虑女性在生理、生育、社会上的不利局面，强调特别的妇女权益。总之，就家庭权保障来说，男女平等的原则主要体现在以下几方面：第一，男女在家庭中的人格平等。近代以来，家长制的瓦解主要在于形成人格平等的观念，在家庭中妇女和儿童不再受制于家长，使得家庭成员都具有平等的独立人格，家庭之于家庭成员只是一种全新的存在空间和方式，不再是人身依附关系。第二，在家庭这种共同体中，夫妻之间承担的权利义务不再因为性别不同而产生特权。相对地，对于弱势的妇女都应特殊地照顾，但这种照顾不是基于不平等的法律地位，而在于生

① 李银河：《妇女：最漫长的革命》，三联书店，1997 年版，第 23-28 页。

理、生育的特殊原因产生的照顾，这符合现代法律的正义标准。第三，在家庭生活中，国家会对歧视男女性别的行为进行干预和保护，同时，针对女性的家庭暴力、虐待及遗弃采取积极保护的态度。

（二）确立家庭主体的原则

现有的家庭主体地位没有在民事法律中确立，应在民法总则中确立其民事法律主体，只有将家庭视为一个整体，才符合家庭本位及功能的要素，也才符合本国的习惯法。民事法律主体，无论自然人还是法人，以登记为成立要件，属于民法中的强制性规范，故家庭必须在民法总则中明文规定。因此，民法典编纂婚姻家庭，必须要重视家庭的主体地位。随着多种所有制经济的发展，家庭私营经济得到急速发展。同时，家庭变动、流动性等不确定性因素不断扩大，使得家庭财产问题越来越复杂，大部分原因在于家庭在民事法律上没有确立主体地位。家庭关系是一种血缘关系或拟制的血缘关系，也就是一种身份关系，不可能采取契约原则来处理。按契约自治原则来处理家庭关系的办法都是临时举措，只是权宜之计，不能从根本上来保障家庭权。如果将婚姻关系视为合同关系，人身及身份关系难以解决，契约涉及财产的部分才能规范，这就等同于将家庭按契约来建构，不符合家庭建构的生育、教育及保障功能。但同性恋同居行为可以按契约关系，所谓同性家庭只是个人性取向的趋同，涉及财产部分可以用合同关系确立，但涉及生育、保障及抚养等固有的家庭功能不属于同性恋之间的内容，应为法律明确禁止。

（三）保障家庭功能的原则

现阶段家庭仍是个人与社会、个人与国家最重要的纽带和共同体，其拥有的基本功能仍然无法被社会及国家完全消解，因此要保障家庭权的功能。家庭权要持续地受宪法保护，也就是维持传统上的、现有的功能。纵观历史与现实，现代家庭起到的生育、教育、保障、情爱及经济功能无法被个人和其他团体所替代。中国的现实，仍是以家庭财产和家庭成员赡养老人，中国的家产负担抚养以外的许多责任，比如教育、成家立业，等等，这些付出不是无偿的，而是附随有身份义务。子女既然接受了家产，等于是默认了挑起家庭的责任。同时，仍是以家庭负担子女的教育和抚养义务。在个人财产制下，成年人必须为自己负责，但是，年满十八岁的中国子女很少能为自己负责。只要有经济条件，中国父母从来不会因为子女年满十八岁，就不负担他们的大学教育费用，甚至还会负担其它高额生活费用。中国子女的结婚费用，尤其是婚房等大额负担，也由父母承担。同时，家庭产生的亲情及幸福感无法被任何团体所替代。因此，家庭权保障要着力保障家庭功能的维护。

（四）保护未成年子女利益

家庭具备生育和生命延续的功能，人类从弱小的生命个体到成年依靠家庭才能生存和成长，从自然和社会角度，家庭是子女成长最佳的庇护所，家庭中的父母对子女具备天然的抚养义务，这种义务从家长制到家庭权实际上都存在，只是义务体现形式不一样。在家长制时代，家庭本位的观念实际上掩盖了儿童生存权和成长权的实际存在。自近代以来，人权概念的发展产生法律人格的平等，为家庭未成年子女在权利显现准备了前提条件，使子女不再依附于家庭和权威。到了上世纪 40 年代后期，家庭未成年子女权利得到进一步强化，儿童自由与保护、国家主义都让家庭未成年子女权利权益上升到前所未有的高度。在社会发展中，首先儿童在法律及现实意义上都具备独立的人格尊严，只是因为正处于弱势阶段所以需要家庭的帮扶，据此才会有监护权的存在，但这种帮扶并不能说明儿童人身依附性的存在，重点在于儿童权益的存在，以区别于父母权利与责任。其次儿童在家庭中的地位进入本位阶段，其权利的保护与其它权益一道形成家庭权的价值。[①]因此，世界范围内在家庭立法上都主张子女权益的原则，因为以父母为本位的权利保障远不如以未成年子女为本位的权益保障重要和实际，如父母离婚导致家庭破裂时，其居住权、抚养权、探视权是以未成年子女为本位的权利，强调父母责任，而不是权利。

在家庭权保障中明确未成年子女利益的意义是赋予父母义务，以保证未成年子女在家庭的空间形式下能得到最大的保护。家庭中父母对未成年子女的决定类似于国家权力的义务本位，也是以义务为基础而形成，但都只是一种手段（或称为工具），目的在于未成年子女的成长利益。当然，父母的监护权虽然称之为权利，但本质上只是一种义务。[②]因此，监督权等称之为父母权利的首要条件不是考虑父母本身，而在于未成年子女。在《儿童权益公约》里，明确认为子女权益是父母权利的基础，据此，有的学者就主张这种基础在于儿童成长的原则决定父母义务、家庭居住、社会交往、姓氏选择、教育方式，其实际上是优先考虑未成年子女的利益。[③]综上分析，家庭权保障涉及未成年子女保障的原则应包括以下几方面内容：第一，在家庭形成中，未成年子女的主体地位及法律人格是独立的，子女依附家庭的帮助而成长，并不是人格意义上的依附，在形成帮助的基础上，家庭要致力于未成年子女的利益最大化。当未成年子女具备某些自主权，或相关意见使之理应受到尊重，例如在教育、居住等方面都应纳入相应的未成年子女意见。第二，父母或成年兄姐的权利是基于未成年子女为本位而形成的，这种权利以义务为基础，带有明确的目的性，当父母权利、成年兄姐监护权与未成年子女的权益具备冲突时，未成年子女权利是首先要考虑的。第三，未成年子女利益的标准是全方位的，包括身心、成

① Douglas，G.&Sebba，L.Children' srights and traditional value.England：Dartmuoth Publishing Company，1998：291.

② 参见［德］迪特尔．施瓦布：《德国家庭法》，王葆莳译，法律出版社，2010 年版，第 259-263 页。

③ 陈苇主编：《外国婚姻家庭法比较研究》，群众出版社，2006 年版，第 582 页。

长、教育等涵盖未成年子女作为人在社会成长中的所有方面。

第四节 家庭权国家保障的完善

家庭权保障的发展趋势表明：宪法保障是家庭权保障的通行做法，但随着私法与社会法的日益兴起，三元法律结构的保障趋势已经形成。立法保障在各国家庭权保障方面发挥过重要功能，但司法机关的作用日益凸显，家庭权的司法保障愈发重要，行政保护位置凸显。国内保障是家庭权的基本内涵，国际保障已成为立宪国家的共识。可以说，家庭权体系化保障是具有前瞻性的指引和参考。现结合我国的实际情况，就家庭权受国家保障义务的不足提出体系化保障建议。

一、强化履行国家尊重义务

（一）加强家庭权的防御权功能

要加强家庭权的防御权功能，必须在法律规范上构建家庭的主体概念，将家庭从婚姻、亲属身份中独立出来，反而将婚姻、生育、父母、子女、亲属等纳入家庭的主体概念中，现有的婚姻法制、亲属法制、收养法制、未成年保护法制、女性权益法制等分散而不统一，实际上这些制度所指向的权益就是家庭权。家庭主体建构之后，家庭的制度性保障将提升到前所未有的高度，以家庭自治为核心的家庭生活防御力度必然大大增强，任何公权之手都难以敲开家庭之门，也就是说再建构一个统一的概念、地点及时间空间，这个空间的自主性、统一性将大幅提升。对此，本文建议通过民法确立家庭主体的概念，主要有以下：

1. 确立家庭为民事法律主体

首先，家庭与自然人、法人处于平等的地位。同时明确家庭的概念，按照自然及传统，家庭应该是以配偶及其直系血缘家属组成的民事单位。如果不存在非直系血缘家属，但应共同生活、劳动、消费，并在同一家庭户籍内的成员，也属同一个家庭。其次，家庭应以代际为划分，家庭之间具备重合性。如父母一代与子女新一代家庭分为两个不同的家庭，但是成家子女依然属于父母一代家庭成员，属于成年子女身份。同时，成年子女成家所生子女也属于父母一代的家庭成员，属于孙子女身份。之所以采取这种重叠式的家庭缔造，主要在于厘清家庭的内部关系，同时要避免陷入“家长制”时代的家族制度。最后，我国的家庭应以男性和女性的结合为基础，同时兼顾血缘关系、实际状况。基于此，应明确禁止同性构建家庭。

2. 确立家庭成立要素

家庭应以法人成立的标准实行登记制。以现有的条件和技术，适合采取以家庭户籍为基础来登记，但直系血亲和拟制的直系血亲，虽已不在同一家庭户籍，但仍为家庭成员。家庭户可以有户名，户名可以是家庭户籍上登记的户主名，也可以是以姓氏为首的记号。家庭的消亡也应该按照法人的程序，可以因家庭、家庭成员、管理人等名义申请注销，也可因户内不再有人口和财产超过一定期限而自动注销，但户内有人口或财产之一的，可作为不注销的条件。同时，家庭解散也构成家庭消亡的原因，如同一家庭户籍内的家庭成员全部死亡，且不在家庭户籍内的全部直系家属均不愿迁入、保留或管理该家庭户籍，或配偶离婚，且离婚夫妻没有子女的。最后还需要明确规定家庭解散是家庭财产清算的唯一原因。

3. 确立家庭的主要内容

家庭应该采用以人口为主，以财产为辅的原则。财产包括一切可登记的财产和不可登记的财产，可登记的财产如不动产、承包权、经营权、股权、知识产权等，不可登记的财产如动产、质权、债权债务等。家庭户籍内有人口的，家产的管理应由家庭户籍内的家庭成员共同协商。家庭户籍内有财产而无人口的，应由不在家庭户籍内的家庭成员共同指定该户籍的管理人。没有指定管理人的，现存的家庭成员全体作为财产管理人。不在家庭户籍内的家庭成员只有一个的，此家庭成员为该户当然的管理人。对于没有直系尊亲属的未成年人，可以选择在监护人或原父母家庭的家庭户籍内登记。虽然登记在监护人的家庭户籍内，但原家庭尚有财产的，成年后可申请登记在原父母家庭的家庭户籍内。[①] 最后，明确确立家庭具备的自由权、名誉权、隐私权、荣誉权、家庭承包经营权、家庭工商经营权等权利，以家庭财产承担家庭经济责任。

（二）家庭自由与国家干预的明确划分

家庭作为私人领域的重要场所，家庭自由是核心要义，同时国家在履行保护义务和给付义务时都要对这种私人领域予以绝对尊重，但在具体实施过程中，难免在尊重与干预的边界上出现模糊地带，就需要对家庭自由与国家保护义务履行进行明确划分。现代家庭方面立法都呈现出二者并进的模式，我国原有以国家主义或公共主义对个体自由带来限制的都在逐步改进，以此不断恢复个人和家庭的自主权。同时，对原有国家不干预的事项赋予积极义务，如消除家庭贫困的给付义务、消除第三人侵害的保护、监督家庭内部成员的义务等，都是现代公民社会对国家提出的要求。目前，世界各国家庭立法大致相当，自治的目的在于个人自由与权利得到更好的发挥，通过家庭塑造更广阔和更现实的个人权利价值。因此，国家对家庭的干预应该受到严格限制，严禁国家通过公共的名义干涉家庭自由。从世界发展来看，家庭自由权不断宽泛，如近代立法总在试图规制夫妻双方的义务，以达到一种社会规范，在内容上决定了忠诚和同居义务、家庭住所及姓氏要求等。但到了近代，越来越多的国家将这些义务性条款

---

① 俞江：《论民法典“家庭法编”的体系构造》，载《民法典编纂论》，http：//law.hust.edu.cn/Law2008/ShowArticle.asp？ ArticleID=14749，引用于 2016 年 12 月 8 日。

修改为任意性或干脆删除，采取一种宽泛的家庭当事人自治主义。国家干预主要体现在国家救济与国家保护义务履行，国家救济主要针对弱势或边缘家庭的扶助，国家保护主要注重家庭权益免受国家之外的侵犯。当一个家庭连个人存在都无法保障，国家介入的目的在于提升家庭成员的生产权益以及家庭权益。同时，国家保护性干预一方面是社会为了避免家庭权益受第三方侵犯，通过公权强制制止来维护家庭权益；另一方面是为了防止家庭自治化后的家庭陷入权力本位，以及家庭成员权利无法得以实现或被侵犯，国家的积极干预不是介入家庭事务，而是权利保障（救济），以协助弱势家庭成员权益不被弱化和侵害，最终保障家庭实际上是一个权利场所，并非权力领域。在家庭自由与国家干预的届分中，国家干预主要通过国家行政机关和司法机关的职能行使，以确保义务的履行。

首先，就行政机关干预来说，所有的行政行为都具有义务性（保障性），救济行为主要针对家庭或家庭成员的弱者，行政机关较司法机关是主动机关，给付行为、保护行为都在于利用行政权干预来实现宪法和法律预设的权利；其次，就司法机关来说，干预主要基于请求之后的事后裁判监督。所有保护行为都基于请求权开展，如家庭遭遇公权力非法干预、家庭成员不履行家庭义务、家庭遭遇第三方侵权时，请求法院干预的目的在于公正裁判，实现对应有的权利进行保障。这种介入实际上是家庭自治的一种平衡机制，当家庭自治出现自我无法实现的危机，必须要中立地进行衡平，法院当仁不让能承担这种协调功能。在我国社会转型的条件下，公民社会仍不具备成熟性，这种不成熟性导致家庭自治过程不可避免出现各种矛盾，司法机关的协调功能显得非常重要，以确保家庭内部结构与外部行为两方面都能实现一种平等协商共存机制。因此，本文认为当家庭自由遭遇公权力之外的侵害，以及家庭内部产生两性不平等和不利于未成年子女的情况发生时，国家干预要严格按照家庭权的边界来切入，并不是要干预家庭自由本身，干预的本质在于保障家庭权利，不是干涉家庭事务，更不是展示权力的力量。

（三）家庭自治权突出问题的完善

首先，堕胎权得以合理限制。整个规范堕胎权的法律法规能按照《人口与计划生育法》的宗旨运作。首先，限制的基础在于法治与公益，但在形式上和实质上必须符合比例原则。[①] 按照现代比例原则，行政机关的审批和监督方式应该按照性别的自然性标准审议，除非这种选择是万不得已，如残疾、缺陷或超越计划等，否则性别选择或任意堕胎都应该严格限制或禁止。当然，行政机关的限制是基于生育自由基础之上的限制，应尽量保证对家庭的侵害程度最小。其次，禁止堕胎应当多措并举，严格控制。严格禁止因性别堕胎；妊娠 14 周以上终止妊娠的应该受到极为严格的限制。在现有二胎允许的情况下，除非出现因胎儿缺陷、疾病、未婚等不适合生育的情况，否则应禁止堕胎。再次，行政法规、地方性法规应保持限制标准及程序的统一。从次，针对收养权干预过度情形，我国可以适当扩大被收养人和收养人的范围，应该把已满 14 周岁未满 18 周岁的未成年人纳入被收养人的范围内，不应局限在 14 周岁以下。同时，《收养法》应引入试收养期制度，期限以 6 个月为宜。针对收养权缺少干预情况，应建立健全收养成立后的监督机制；赋予年满 10 周岁的被收养儿童解除收养关系的请求权；对非法收养行为予以禁止等。最后，针对家庭自治权、家庭经济权及家庭隐私权方面的侵害，一方面家庭主体确立之后防御权功能增强，另一方面要明确公权的“法无授权不可为”，以及禁止执法过程的“扩大解释”。

---

① 张素琴：《丈夫生育权与妻子堕胎权之价值比较》，http：//china.findlaw.cn/info/hy/hunyinfalunwen/75732.html，引用于 2016 年 12 月 20 日。

二、确立国家给付义务的制度化手段

（一）确立家庭权的受益权功能

首先，就制度性给付而言，通过家庭法涵盖婚姻法功能。家庭制度是家庭编的主要内容，家庭法应以单独一章规定“家庭”，家庭权内容围绕家庭来建构，不再考虑或淡化家属关系，家庭编的权利构成围绕组建家庭（包括消亡、解散）、保持家庭存续、家庭利益、调整家庭成员家属关系的权利作为家庭内部结构的调整，婚姻是家庭产生的基础，家属是家庭的内部结构形成，据此，家庭从内部和外部形成一个逻辑严密、体系完整、体例一致的家庭立法的体例结构。形成包括总则在内的五章内容，即第一章总则，主要包括：家庭法的指导思想和立法依据；家庭法的调整对象和适用范围；家庭法的基本原则等。第二章家庭组建制度。第三章保持家庭存续制度。第四章维护家庭利益制度。第五章调整家庭成员关系制度。其中第三章保持家庭存续制度中明确规定家庭给付制度，主要包括家庭救济、社会保障等制度，以与制度性给付契合。通过家庭主体建构，家庭为民事主体的司法保护功能将会进一步强化，社会保障将会明确为家庭的前提。

其次，国家针对贫困地区、贫困家庭进行类型化，在扶贫政策、财政力度方面给予倾斜。具体到地区行政部门，要充分对贫困家庭、单亲家庭、有残疾家庭等弱势家庭进行调查与核实，针对不同家庭类型采取不同的精准扶贫对策，提供充裕及灵活的救济手段。同时，以物质性救济与服务性救济相结合的方式开展，不局限于对家庭的物质供给，注重对不同家庭救济的服务化引导，通过行政指导、招商引资、就业技能培训等方式给予引导和创新，真正落实“政府责任”理念。

（二）家庭户籍制度改革

城乡二元户籍制度的主要特征在于身份上的区别与固定，并由此导致家庭受益权的差异与失衡。从体制上看，城市社会中的农民家庭阶层，属于计划编制外的职业群体；从生活方式的角度，城市中的农民家庭多数属于“不伦不类”；从阶层地位的角度，二元家庭属于非市民的边缘人流动农民家庭，在现行户籍管理体制背景下，并没有与城市家庭同等化，让农民家庭“市民化”。重塑“公民”身份，消除身份上的差别，最终实现家庭权利的平等对待是深层“户改”的核心。因二元户籍制度的存在，农民家庭的结构性特征仍然比较明显，制约了农民家庭的社会化与同等化进程。因此，深层户改的一个核心目标即在于充分实现农民家庭身份差异的填平。农民家庭平等缔造至少蕴涵两重含义：农村家庭和城市家庭在家庭权保障方面一律平等；农村家庭参与权完全不受限制，享有完全的社会保障权。正是从这个意义上，剥离与户籍身份相关的利益应成为户籍制度改革的重要方向。

三、完善国家保护义务的制度体系

（一）防止“第三人”侵害制度构建

在前面增强家庭权防御权及受益权功能里面，都论述了家庭成为独立的民事主体，防止“第三人”侵害制度构建最主要的对策也是树立独立的主体地位，家庭作为一种团体的单位，虽然现代民法的民事主体理论以个体为本位，但个体本位离不开家庭共同体功能的发挥，人类社会个体永远无法离开家庭共同体的缔造。同时，现代民法的民事主体理论固然以个体为本位，但不排斥团体的概念，法人就是典型的例子。民法典编纂应考虑所要规范的对象是否为一种普遍的社会事实，而不应被现有的立法理论所局限。例如宗教性的财团法人就是一种先于民法存在的普遍的社会事实，民法若不赋予其主体地位，教会的财产属性和财产关系就会脱离民法。宗教性的财团法人之所以能够在近代民法典中成为主体，按一般民法理论不可能成为世俗社会的民事主体，但因为它在西方世界有着强大的政治和经济实力，民法不得不重视它的存在。现有的家庭权也是一样，现有意识形态没有重视家庭共同体的独立因素，家庭作为绝大多数人无法离开的共同体，作为个人成长最好的共同体和支撑力量，国家立法者应充分重视家庭的主体作用，准确履行保障家庭权的国家义务，为家庭正名是立法者最重要的任务。立法机关应改变观念，而不是被所谓现有理论所困扰。家庭具备独立出来的人身权和财产权，独立家庭身份、家庭尊严，家庭作为共同体的要素不是简单家庭成员的叠加，需要独立出来的家庭身份，只有这样才能与现有的家庭外部保护密切结合。尤其是公共治理兴起的背景下，家庭的团体概念成型才能更好地应对日益增多的公共团体，以家庭身份出面能更好、更方便地应对家庭侵害行为。

（二）整合家庭内部权利义务

国家保护义务主要由立法、行政和司法等国家机关承担。要真正确立家庭保护义务，最重要的是从立法上建立起家庭的法律地位，由于新中国成立以来，基于反对封建宗族制（家长制）将家庭剔除在法律传统之外，家庭关系完全被婚姻关系所涵盖，从婚姻法立法到后面的两次修改其实都切切实实关系到家庭制度，这种建构最大问题在于以偏概全。在民法体系中，从基本的民事主体到侵权法益都应该树立家庭的指向。在前面“增强家庭权的受益权功能”这一小节中讲到，通过《家庭法》形成家庭内部与外部权利，使之成为一个逻辑严密、体系完整、体例一致的家庭立法体例结构。形成包括总则在内的五章内容。家庭内部权利义务整合主要表现在第五章调整家庭成员关系制度一章中，旨在构建调整家庭成员关系制度。包括调整家属方面的规范，家属种类、范围、计算方法、权利义务都需要规定。就夫妻关系的法律调整来说，主要包括夫妻之间人身、财产的权利义务；就父母子女之间的法律调整来说，主要包括亲权关系、监护关系、抚养关系、赡养关系、同居关系的法律调整；就其他家庭成员来说，主要涉及直系三代以内家庭成员的权利义务关系，主要包括祖父辈、兄弟姐妹、孙子女辈之间形成的权利义务关系调整。据此，通过家庭内部权利义务的整合促成调整家庭成员关系权利的保护。

余论：理想的家庭权国家保障——造就家庭的“幸福”

（一）家庭是什么

家庭自古以来具备很多共通性，古代家庭强调“天伦之乐”，实际上也是通过家庭实现个人幸福的一种模式，只是没有真正去认识家庭所具备的功能、权力和权利形态，人类从真正意义上认识家庭是从近代开始，如马克思和恩格斯认为家庭的本质在于生育促成男女结合形成夫妻关系，当完全生育后又要形成父母及子女关系，进而缔造了家庭。[①]美国社会学家伯吉斯，E.W.及罗伯特·E·帕克在其《家庭——相互影响的个性之统一体》认为家庭是基于不同纽带形成联合群体，并且每个人扮演不同的角色，如父母、夫妻、兄弟姐妹，相互之间形成交互作用，并共同创造出一种联合性文化。而中国古代家庭强调孝道，因而与西方古代家庭有所差异，以孝缔造的家庭文化某种程度上没有西方“家父”文化的残酷，因此，我国古代家庭的情感功能丰富于古代西方，并且缔造出一种集体主义的家文化概念。现在中国学者倾向解读家庭为社会单位。[②]家庭作为社会的细胞，是“人类最早的社会关系之一”及“最基本的社会群体”。[③]从古代到现代，家庭对每个人都充满深刻的意义，绝大多数的人都通过家庭的共同体来生存、生长及生活，人类群居的天性体现得淋漓尽致，大多数人都有组成家庭，在家庭共同体中感受幸福的欲望和本能。在这种欲望和本能的基础上，不管时代如何发展，家庭生育、扶助、教育、情感等功能都不可或缺，由此形成了婚姻、收养、生育、赡养等最基本的家庭关系。可

① 《马克思恩格斯全集》第3卷，人民出版社，2002年版，第32页。
② 费孝通：《乡土中国生育制度》，北京大学出版社，1998年版，第120、125页。
③ 潘允康：《家庭社会学》，中国社会出版社，2002版，第57、60页。

以说，家庭为人类延续和生活提供了最基础、最核心的物质和精神供应，家庭与个人形成独特的集体与个人关系，家庭美满个人才能幸福。尤其我国历来最重视家庭社会，家庭基本上对每个公民来说都是幸福的主导因素，家庭富裕、家庭和谐能最大程度造就个人奋斗的理想。家庭是幸福栖息之地，只有保障好家庭权，幸福才会来敲门。

（二）理想的家庭权保障

组建家庭、共同居住、相互扶持对个人来讲满足了安身立命最基本的需求，这样一项“自然权利”当然要受到绝对保护，世界范围内各国不断确立家庭权并使之成为普适性人权，这是家庭“幸福梦”的最大保障。我国目前正处于社会主义初级阶段，家庭仍发挥着养老育幼（人口生产）、物质生产、家庭成员间的扶助和保护等基本功能，也是最佳的情感交流场所，保障家庭权意味着保障个人幸福。从权利来看，家庭与个人既独立又相互联系，家庭为了得到更好的功能发挥，让家庭权得以从个人权利中适当分离是理想的保障模式。同时，将家庭权利保障归为国家保障义务体系，让整个社会的共同体——“国家”来完成相关义务，以达到最完美的家庭权利保障。国家保障义务是针对家庭权的防御性、受益性及秩序功能性，不同情况都会赋予不同的国家义务类型，以确保家庭内部及外部各方面秩序得以完美发挥，也就是既需要家庭自治，也需要外在保障。理想的家庭权保障是让家庭自由得以充分发挥，但又体现出成熟的理性家庭观，家庭成员各司其职、相互辅助、共同体验快乐。如果一旦家庭内部事务需要国家介入，意味着家庭保障步入救济阶段，这对理性家庭模式无疑是创伤。因此，理想的家庭模式需要公民随着市民社会的成熟更加理性和富有爱家思想。最理想的家庭权保障无疑是不需要外力介入的一种自由权发挥状态。要达到自由权发挥的最佳状态，国家保障的核心就在于构建和维持自由的范围。

（三）法律的角色

按本文的建构，家庭权保障主要体现在保障家庭自由权、家庭人身权、家庭经济权及家庭成员权，而这些权利内容都必须依赖于法律来调节国家、社会、家庭及家庭成员间的相互关系。法律扮演的角色既是“剑”，也是“甲胄”。在战乱纷飞的时候，成千上万家庭流离失所，或许我们才会意识到国家繁荣富强、增强国力的重要性，有国才有家，我们需要国家在国际法律秩序建构上具备话语权，法律的角色是保护国门的“甲胄”。在国家稳固的局面上，法律的角色是扮演家庭自由的“卫士”，形成良性的家庭自由是理想的模式。一方面要实现每位家庭成员“衣食无忧”的自由基础；另一方面要实现“风能进、雨能进，国王不能进”的自由状态，法律的保障就在于让每个家庭具备自由基础来实现自由状态。国家义务是家庭权保障绕不过的命题，国家义务需要再分配，再分配离不开法律创设不同主体间的权利义务关系。在理想的家庭自治模式下，法律扮演着“甲胄”的角色；在理想的社会家庭模式下，法律扮演着“雪中送炭”的角色；在理想的家庭保护模式上，法律扮演着“正义之剑”的角色。

参考文献

[1] 玛丽·安·格伦顿. 权利话语——穷途末路的政治言辞 [M]. 周威，译. 北京：北京大学出版社，2006.
[2] 特奥多尔·蒙森. 罗马史：第 1 卷 [M]. 李稼年，译. 北京：商务印书馆，1994.
[3] 布赖恩·比克斯. 法理学理论与语境 [M]. 邱昭继，译. 第 4 版. 北京：法律出版社，2008.
[4] H.L.A. 哈特. 法律的概念 [M]. 许嘉馨，李冠宜，译. 第 2 版. 北京：法律出版社，2006.
[5] 凯特·斯丹德利. 家庭法 [M]. 屈广清，译. 北京：中国政法大学出版社，2004.
[6] 沃尔特·E·莫菲. 宪法、宪政与民主 [M]. 信春鹰，译. 宪法比较研究课题组. 宪法比较研究文集（三）. 山东：山东人民出版社，1993.
[7] 乔治·恩德勒，等. 经济伦理学大辞典 [M]. 王淼洋，等译. 上海：上海人民出版社，2001.
[8] 康拉德·黑塞. 联邦德国宪法纲要 [M]. 李辉，译. 北京：商务印书馆，2007.
[9] 柏拉图. 理想国 [M]. 郭斌和，张竹明，译. 北京：商务印书馆，1986.
[10] 摩莱里. 自然法典 [M]. 黄建华，姜亚洲，译. 南京：译林出版社，2011.
[11] 亚里士多德. 政治学 [M]. 吴寿彭，译. 北京：商务印书馆，1965.
[12] 泰·德萨米. 公有法典 [M]. 黄建华，姜亚洲，译. 北京：商务印书馆，1982.
[13] 英戈·穆勒. 恐怖的法官——纳粹时期的司法 [M]. 王勇，译. 北京：中国政法大学出版社，2000.
[14] 安吉洛·M·科迪维拉. 国家的性格——政治怎样制造和破坏繁荣、家庭和文明礼貌 [M]. 张智仁，译. 上海：上海人民出版社，2001.
[15] A.J.M. 米尔恩. 人的权利与人的多样性 [M]. 夏勇，张志铭，译. 北京：中国大百科全书出版社，1995.
[16] 庞德. 通过法律的社会控制 法律的任务 [M]. 沈宗灵，董世忠，译. 北京：商务印书馆，1984.
[17] 阿斯布佐恩·艾德.〈世界人权宣言〉：努力实现的共同标准 [M]. 中国人权研究组织会，译. 成都：四川人民出版社，2000.
[18] 马克思，恩格斯. 马克思恩格斯全集：第 3 卷 [M]. 中共中央马克思恩格斯列宁斯大林著作编译局，译. 北京：人民出版社，2002.
[19] 史蒂芬·霍尔姆斯和凯斯·R·桑斯坦. 权利的成本——为什么自由依赖于税 [M]. 毕竞悦，译. 北京：北京大学出版社，2004.

[20] 德沃金. 认真对待权利 [M]. 信春鹰，吴玉章，译. 北京：中国大百科全书，1998.
[21] 黑格尔. 法哲学原理. 北京：商务印书馆，2010.
[22] 曼弗雷德·诺瓦克. 公民权利和政治权利国际公约〉评注 [M]. 孙世彦，毕晓青，译. 北京：三联书店出版社，2008.
[23] 费希特. 自然法权基础 [M]. 谢地坤，程志民，译. 北京：商务印书馆，2004.
[24] 凯利·D·阿斯金，多萝安·科尼格. 妇女与国际人权法第二卷——妇女权利的国家和区域视角. 黄列，朱晓青，译. 北京：三联书店出版社，2009.
[25] 卢梭. 爱弥儿：论教育（上、下卷）[M]. 李平沤，译. 北京：商务印书馆，1983.
[26] 大沼保昭，人权、国家与文明 [M]. 王志安，译，北京：生活·读书·新知三联书店，2003 年版。
[27] 路易斯·亨金，阿尔伯特·J·罗森塔尔. 宪政与人权 [M]. 郑戈，等译. 北京：生活·读书·新知三联书店，1996.
[28] Christian Starck. 法学、宪法法院审判权与基本权利 [M]. 李建良，等译，台湾：元照出版公司，2006.
[29] 威廉·冯·洪堡. 论国家的作用 [M]. 林荣远，冯兴远，译. 北京：中国社会科学出版社，1998.
[30] 孟德斯鸡. 论法的精神（上册）[M]. 张雁深，译. 北京：商务印书馆，1961.
[31] 阿克顿. 自由与权力 [M]. 侯健，等译. 北京：商务印书馆，2001.
[32] 芦部信喜. 宪法 [M]. 林来梵，译. 北京：北京大学出版社，2007.
[33] 路易斯·亨金，阿尔伯特·J·罗森塔尔. 宪政与人权 [M]. 郑戈，等译. 北京：生活·读书·新知三联书店，1996.
[34] 伯纳德·施瓦茨. 美国法律史 [M]. 王章，等译. 北京：中国政法大学出版社，1990.
[35] 詹姆斯·M·伯恩斯，等. 民主政府 [M]. 陆震纶，等译. 北京：中国社会科学文献出版社，1996.
[36] 大须贺明. 生存权论 [M]. 林浩，译. 北京：法律出版社，2001.
[37] 盐野宏. 行政法 [M]. 杨建顺，译. 北京：法律出版社，2001.
[38] E·博登海默. 法理学：法律哲学与法律方法 [M]. 邓正来，译. 北京：中国政法大学出版社，2004.
[39] 盐野宏. 行政法 [M]. 杨律顺，译. 北京：法律出版社，2001.
[40] 威廉·冯·洪堡. 论国家的作用 [M]. 林荣远，冯兴元，译. 北京：中国社会科学出版社，1998.
[41] 约拉姆·巴泽尔. 国家理论 [M]. 钱勇，曾咏梅，译. 上海：上海财经大学出版社，2006.
[42] 卡尔·施密特. 宪法学说 [M]. 刘锋，译. 上海：上海人民出版社，2005.

[43] 彼德·己杜拉.国家保障人权之义务与法治国家宪法之发展［M］// 陈新民.宪法基本权利之基本理论（上册）.台湾：元照出版公司，2002.
[44] 莱昂·狄骥.宪法学教程［M］.王文利，等译.沈阳：春风文艺出版社，1999.
[45] 康德拉·黑塞.联邦德国宪法纲蓉［M］.李辉，译.北京：商务印书馆，2007：168.
[46] 迪特尔·施瓦布.德国家庭法［M］.王葆莳，译.北京：法律出版社，2010.
[47] 大须贺明.生存权论［M］.北京：法律出版社，2010.
[48] 法治斌，董保成.宪法新论［M］.台湾：元照出版公司，2005.
[49] 苏永钦.部门宪法［M］.元照出版公司，2006 年。
[50] 黄茂荣.法学方法与现代民法［M］.北京：中国政法大学出版社，2001.
[51] 梁治平.寻求自然秩序中的和谐［M］.北京：中国政法大学出版社，1997.
[52] 瞿同祖.中国法律与中国社会·家族［M］// 瞿同祖.瞿同祖法学论著集.北京：中国政法大学出版社，1998.
[53] 梁治平.寻找自然秩序中的和谐［M］.北京：中国政法大学出版社，2002.
[54] 林语堂.生活的艺术［M］.合肥：安徽人民出版社，1988。
[55] 周枏.罗马法原论［M］.北京：商务印书馆，1994.
[56] 江平，米健.罗马法基础［M］.北京：中国政法大学出版社，1987.
[57] 邓伟志，徐榕.家庭社会学［M］.北京：中国社会科学出版社，2001.
[58] 丁文，徐泰玲.当代中国家庭巨变［M］.济南：山东大学出版社，2001.
[59] 费孝通.乡土中国［M］.北京：生活·读书·新知三联书店，1985.
[60] 杨立新.大清民律草案民国民律草案［M］.长春：吉林人民出版社，2002.
[61] 许莉.〈中华民国民法·亲属〉研究［M］.北京：法律出版社，2009.
[62] 程维荣.中国近代宗族制度［M］.上海：学林出版社，2008.
[63] 杨立新.大清民律草案民国民律草案［M］.长春：吉林人民出版社，2002.
[64] 孙哲.新人权论［M］.郑州：河南人民出版社，1992.
[65] 何志鹏.权利本位理论：语境、局限与价值［M］.徐显明.人权研究（第九卷）.济南：山东人民出版社，2010.
[66] 李步云.论人权［M］.北京：社会科学文献出版社，2010.
[67] 杨宇冠.人权法〈公民权利和政治权利国际公约〉［M］.北京：中国人民公安大学出版社，2003.
[68] 杜涛.德国国际私法理论、方法和立法的变迁［M］.北京：法律出版社，2006.
[69] 郑贤君.基本权利原理［M］.北京：法律出版社，2010.
[70] 贝塔朗菲.一般系统论［M］.袁嘉新，译.北京：社会科学文献出版社，1987.
[71] 李震山."人性尊严"与人权保障［M］.台湾：元照出版社，2000.
[72] 李步云.人权法学［M］.北京：高等教育出版社，2005.

[73] 陈明立. 人口法制论 [M]. 北京：中国人口出版社，2010.
[74] 杨大文. 亲属法 (第三版) [M]. 北京：法律出版社，2003.
[75] 孙俊三. 家庭教育学基础 [M]. 北京：教育科学出版社，1991.
[76] 吴铎，张人杰. 教育与社会 [M]. 北京：中国科学技术出版社，1991.
[77] 张文霞，朱冬亮. 家庭社会工作 [M]. 北京：社会科学文献出版社，2008.
[78] 康有为. 大同书 [M]. 上海：古籍出版社，1956.
[79] 张树栋. 中国婚姻家庭的嬗变 [M]. 杭州：浙江人民出版社，1990.
[80] 梁启超. 饮冰室合集 [M]. 北京：中华书局，1989.
[81] 夏勇. 人权概念起源权利的历史哲学（修订版）[M]. 北京：中国政法大学出版社，2001.
[82] 张文显. 法理学 [M]. 北京：高等教育出版社，北京大学出版社，1999.
[83] 邹瑜，顾明. 法学大辞典 [M]. 北京：中国政法大学出版社，1991.
[84] 黄宗乐. 亲子法研究 [M]. 台湾：台湾三民书局，1980.
[85] 史尚宽. 继承法论 [M]. 北京：中国政法大学出版社，2000.
[86] 秦前红. 新宪法学 [M]. 武汉：武汉大学出版社，2009.
[87] 郑杭生. 社会保障学——理念、制度、实践与思辨 [M]. 北京：商务印书馆，2000.
[88] 种明钊. 社会保障法律制度研究 [M]. 北京：法律出版社，2000.
[89] 汪习根. 法治社会的基本人权 [M]. 北京：中国人民公安大学出版社，2002.
[90] 中共中央马克思恩格斯列宁斯大林著作编译局. 马克思恩格斯选集（第四十四卷）[M]. 北京：人民出版社，2002.
[91] 杨成铭. 人权保护区域化的尝试——欧洲人权机构的视角 [M]. 北京：中国法制出版社，2000.
[92] 郑小川，于晶. 亲属法 [M]. 北京：清华大学出版社，2006.
[93] 张贤钰. 婚姻家庭继承法 [M]. 北京：法律出版社，1999.
[94] 柳经纬. 婚姻家庭与继承法 [M]. 厦门：厦门大学出版社，1999.
[95] 李志敏. 比较家庭法 [M]. 北京：北京大学出版社，1995.
[96] 王雪梅. 儿童权论 [M]. 北京：社会科学文献出版社，2005.
[97] 张翔. 基本权利的规范构建 [M]. 北京：高等教育出版社，2008.
[98] 吴庚. 宪法的解释与适用 [M]. 台湾：三民书局，2004.
[99] 许育典. 宪法 [M]. 台湾：元照出版公司，2006.
[100] 法治斌，董保城. 宪法新论 [M]. 台湾：元照出版公司，2005.
[101] 许育典. 宪法 [M]. 台湾：元照出版公司，2006.
[102] 谢荣堂. 社会社会福利基本问题与权利救济 [M]. 台湾：元照出版公司，2008.
[103] 萧淑芬. 基本权利基础理论之继受与展望 [M]. 台湾：元照出版公司，2005.

[104] 张德瑞. 中国弱势平等权利法律保护问题研究 [M]. 北京：人民出版社，2009.
[105] 张嘉尹. 基本权理论、基本权功能与基本权客观面向 [M] // 翁岳生教授祝寿论文编辑委员会. 当代公法新论（上）. 台湾：元照出版公司，2002.
[106] 李惠宗. 宪法要义 [M]. 台湾：元照出版公司，2006.
[107] 林明昕. 公法学的开拓线 [M]. 台湾：元照出版公司 ,2006.
[108] 李银河. 妇女：最漫长的革命 [M]. 北京：生活 · 读书 · 新知三联书店，1997.
[109] 陈苇主. 外国婚姻家庭法比较研究 [M]. 北京：群众出版社，2006.
[110] 费孝通. 乡土中国生育制度 [M]. 北京：北京大学出版社，1998.
[111] 潘允康. 家庭社会学 [M]. 北京：中国社会出版社，2002.
[112] 张文显. 权利与人权 [M]. 北京：法律出版社，2011.
[113] 郑贤君. 社会基本权理论 [M]. 北京：中国政法大学出版社，2011.
[114] 夏正林. 社会权规范研究 [M]. 济南：山东人民出版社，2007.
[115] 张文显. 论人权的主体与主体的人权 [J]. 中国法学，1991，5.
[116] 沈宗灵. 人权是什么意义上的权利 [J]. 中国法学，1991，5.
[117] 李震山. 宪法意义下之家庭权 [J]. 中正大学法学集刊，2004.
[118] 莫纪宏. 论对社会权的宪法保护 [J]. 河南政法管理学院学报，2008，3.
[119] 杨遂全. 论国家保护婚姻家庭的宪法原则及其实行 [J]. 中国法学，2001，1
[120] 林喆. 婚姻家庭权——伦理与法律的纽带 [J]. 学习时报，2004，3.
[121] 杨敬之. 系统论视角下家庭权的宪法保障 [J]. 黑龙江科学，2016，14.
[122] 杨立新. 人的冷冻胚胎的法律属性及其继承问题 [J]. 人民司法，2014，13.
[123] 杨菊华，何炤华. 社会转型过程中家庭的变迁与延续 [J]. 人口研究，2014，2.
[124] 樊林. 生育权辨析 [J]. 法学，2000，9.
[125] 玛乐坤. 继承权本质的法理透析 [J]. 法律科学，2004，4.
[126] 常凯. 论社会保险权 [J]. 工会理论与实践，2002，3.
[127] 白小平，马玉堂. 劳动权性质论略 [J]. 西北民族大学学报 (哲学社会科学版)，2007，4.
[128] 王能君. 日本国宪法上劳动权保障之意义 [J]. 宪政时代，2003，7.
[129] 杨成铭. 论欧洲人权机构对家庭生活权的保护 [J]. 法学论坛，2005，2.
[130] 陈惠馨. 比较研究中德有关父母离婚后父母子女间法律关系 [J]. 政大法学评论，1988，8.
[131] 吴帆. 家庭领域的性别平等与妇女发展：指标研究与应用 [J]. 妇女研究论丛，2006，12.
[132] 韩大元. 宪法文本中 " 人权条款 " 的规范分析 [J]. 法学家，2004，4.
[133] 袭向和. 理想与现实：基本权利可诉性程度研究 [J]. 法商研究，2009，4.
[134] 汪太贤. 论法律权利的构造 [J]. 政治与法律，1999，5.
[135] 陈爱娥. 自由一平等一博爱：社会国原则与社会福利原则的交互作用 [J]. 台大

法学论丛，26（7）.
[136] 穆光宗.中国传统养老方式的变革与展望 [J]. 中国人民大学学报，2000，5.
[137] 刘灵芝.论公民养老权的权利属性 [J]. 河北法学，2008，12.
[138] 许建苏.养老机构法律调控问题研究田 [J]. 河北法学，2005，7.
[139] 陈征.基本权利的国家保护义务功能 [J]. 法学研究，2008，1.
[140] 周刚志.论基本权利之均等保护 [J]. 厦门大学学报(哲学社会科学版)，2010，1.
[141] 杨念群.亲密关系变革中"私人"与"国家"[J]. 读书，2006，10：130-136.
[142] 张文显.论人权的主体与主体的人权 [J]. 中国法学，1991，5.
[143] 沈宗灵.人权是什么意义上的权利，中国法学，1991，5.
[144] 李震山.宪法意义下之家庭权 [D]. 台湾：国立中正大学法律学系及中华民国儿童福利联盟文教基金会"第一届家庭法律社会学研讨会——社会脉动下的家庭权"学术研讨会，1993 [2019-03-15].
[145] http：//law · hust · edu · cn/Law2008/ShowArticle · asp?ArticleID=14749。
[146] 李洪河.新中国成立初期贯彻婚姻法运动中的社会问题及其解决一一以河 南省为中心的历史考察 [J]. 中共党史研究，2009，7.
[147] 李洪河.建国初期的妇 女离婚问题探论 [J]. 求索，2008，1.
[148] 程美东.改革开放以来中国婚姻家庭制度的擅变 [J]. 中国特色社会主义研究，2003，6.
[149] 陈苇，土薇.我国设立非婚同居法的社会基础及制度构想 [J]. 甘肃社会科学，2008，1.
[150] 陈庆德，刘锋.婚姻的理论建构与遮蔽 [J]. 吉林大学社会科学学报，2006，5.
[151] 金一虹.转型期家庭伦理道德的矛盾冲突与新的整合 [J]. 江海学刊，1997，6.
[152] 王占明.擅变中的家庭权力及其当代价值一一家庭法基础的历史考察 [J]. 法学论坛，2008，4.
[153] 李刚.法律近代化视野下的南京国民政府 1930 年婚姻法 [J]. 中州学刊，2010，4.
[154] 罗旭南.民初婚姻法律近代化的儿个问题 [J]. 河南政法管理干部学院学报，2011，4.
[155] 巫昌祯.中国婚姻家庭法四十年（上）[J]. 政法论坛，1989，4.
[156] 陈苇，冉启玉.构建和谐的婚姻家庭关系—中国婚姻家庭法六十年 [J]. 河北法学，2009，8.
[157] 夏吟兰，何俊萍.现代大陆法系亲属法之发展变革 [J]. 法学论坛，2011，2.
[158] 马忆南，邓丽.当代英美家庭法的新发展与新思潮 [J]. 法学论坛，2011，2.
[159] 陈绍禹.关于中华人民共和国婚姻法起草经过和起草理由的报告 [M]. 婚姻法学参考资料.北京：中国人民法学出版社，1989.
[160] 庄国荣.西德之基本权理论与基本权的功能 [J]. 宪政时代，1990，3.

[161] 俞金尧. 欧洲历史上家庭概念的演变及其特征 [J]. 世界历史，2004，4.
[162] 张燕玲. 家庭权及其宪法保障——以多元社会为视角 [J]. 南京大学学报（哲学·人文科学·社会科学），2011，4.
[163] 陈燕萍. 论婚姻家庭权的伦理内涵与法律规制 [J]. 西南石油大学学报，2005，4.
[164] 龚向和. 理想与现实：基本权利可诉性程度研究 [J]. 法商研究，2009，4.
[165] 龚向和. 论民生保障的国家义务 [J]. 法学论坛，2013，3.
[166] 蒋银华. 论国家义务的基本内涵 [J]. 广州大学学报（社会科学版），2010，5.
[167] 李秋高. 在伦理与法理之间：一种古老权利的重新构造——家庭权法律问题初步研究 [J]. 北京理工大学学报，2011，1.
[168] 姚建国. 宪法是如何介入家庭的？——判例法视角下的美国宪法对家庭法的影响及其争拗 [J]. 比较法研究，2011，6.
[169] 黄越钦. 宪法中工作权之意义暨其演进 [J]. 法令月刊，2001，10.
[170] 龚向和. 社会权的概念 [J]. 河北法学，2007，9.
[171] 宇培峰. “家长权”研究——中、西法文化视野中的“家长权” [D]. 北京：中国政法大学，2011.
[172] 王琼雯. 家庭权初论 [D]. 苏州：苏州大学，2013.
[173] 申美玲. 中国家庭养老问题的伦理思考 [D]. 长沙：湖南师范大学，2006.
[174] 马枉凤. 同性结合者家庭权法律保护研究 [D]. 重庆：西南政法大学，2013.
[175] 马荟. 当代中国婚姻法与婚姻家庭研究 [D]. 济南：山东大学，2013.
[176] Robert Alexy.A Theory of Constitutional rights [M]. transtated byJulian Rivers. Oxford:Oxford University press，2002：326.
[177] Asbjorn Hide.EconomicSocial and Cultural Rights as Human Rights，in Asbjom Hide，Catarina，Krause and Allan Rosas，Economic Social and Cultural Rights：A Text book [M]. Dordrecht，Boston，London：Martinus Nijhoff hiblishers，2001：23.
[178] See Dieter Grimm.The Protective Function of the State，Goerg Nolte，Ewopean and US Constitutionaiism [M]. Cambridge：Cambridge University Press，2005：137.
[179] Douglas,G.&Sebba,L.Children’srights and traditional value [M]. England：Dartmuoth Publishing Company，1998：291.
[180] Joan Heifetz Hollinger.Adoption Law Practice [M]. New Jersey：Matthew Bender&Company Inc，1996：Ch·1，47–50.
[181] Caroline Bridge and Heather Swindells QC.Adoption：The Modern Law [M]. Amman：Jordan publishing limited ，2003：195.
[182] Bruce Hafen.Children's Liberation and the New Egalitarianism：Some Reservations about Abandoning Youth To Their Rights.Provo：Brigham young University Gaw Review，1976：605–658.
[183] Robert Levy.The Rights of Parents [J]. Brigham Young University Gaw Review，1976：

693–708.

[184] A John Simmons.Justification and Legitimacy，Essays on Rights and Obligations [M]. Cambridge：Cambridge University Press，2001：23.

[185] Henry Shue.Basic Rights：Subsistence，Affluence and U.S.Foreign Policy [M]. Princeton：Princeton University Press，1980：13.

致 谢

时光如梭，在中南财经政法大学学习的四年时间转眼竟已踏入尾声。现在回想起刚读博时对毕业和未来的种种不安与期许，就好似发生在昨日一般，而此时即将别离，心中对诸位师友和这美丽的校园生活亦生出种种不舍，无法言表。

回顾这四年，需要感谢的人太多太多，排在首位的自是我的导师王广辉老师。既是他给予了我这个学习和深造的机会；又是他每日谆谆教导，对我的论文仔细斟酌，提出诸多问题与意见，使之能够顺利通过；也是他和师母陈老师对我的生活关怀备至，未及毕业便对我的工作去向和生活嘘寒问暖。就像一位师兄曾经告诉我的那样，王老师身上似乎有着无穷的宝藏，等着我们去发掘——无论是学术研究还是为人处世，他值得我们学习的地方太多太多。不仅如此，能够经常在导师家吃到导师亲手做的饭菜，也是我向同学和朋友们炫耀的资本。

同时也要感谢法学院的刘茂林老师、方世荣老师、石佑启老师、戚建刚老师和胡弘弘老师，是诸位老师在开题报告和预答辩中提出了许多宝贵意见，方能使我的博士论文得以修改和完善。

在此还要感谢我的所有家人对我无条件的支持，尤其是我的妻子刘帅，本科、硕士直至工作之后，十年来我俩形影不离。但是为了读博我不得不将家庭和孩子的重担暂时交在她的身上，而她亦将一切打理得井井有条，使我无丝毫后顾之忧，在此我要向你说一声感谢，这几年辛苦你了。

最后我要感谢学校里的诸位兄弟姐妹，张占杰和胡朋两位师兄带我感受到了师门兄弟间的热情和传承的精神，杨新元、郭永良、白永峰、胡德葳等诸位同学和我一起分享了这些年在这里学习的快乐时光，王孟嘉、谭家超、张哲飞等诸位师弟更是和师兄秦小建老师组建了学术讨论群，积极联系，互相学习。没有你们，我不会在此感慨时光的飞逝，感谢你们这些年的陪伴，祝愿你们在今后的生活和工作事事顺心。

在读期间科研成果

1.《论司法建议在法治政府建设中的作用》载于《暨南学报》（哲学社会科学版）2017 年第 2 期。

2.《中国宪法经济哲学的几个基本问题》，载于《法制与经济》2017 年第 2 期。